文创产品设计开发与创新研究

陈广明 著

吉林摄影出版社
·长春·

图书在版编目（CIP）数据

文创产品设计开发与创新研究 / 陈广明著. -- 长春：吉林摄影出版社，2023.11

ISBN 978-7-5498-6050-0

Ⅰ．①文… Ⅱ．①陈… Ⅲ．①文化产品－产品设计－研究②文化产品－产品开发－研究 Ⅳ．①G124

中国国家版本馆CIP数据核字(2023)第246364号

文创产品设计开发与创新研究
WENCHUANG CHANPIN SHEJI KAIFA YU CHUANGXIN YANJIU

著　　者	陈广明
出 版 人	车　强
责任编辑	王维夏
封面设计	文　亮
开　　本	787毫米×1092毫米　1/16
字　　数	200千字
印　　张	9.25
版　　次	2023年11月第1版
印　　次	2023年11月第1次印刷
出　　版	吉林摄影出版社
发　　行	吉林摄影出版社
地　　址	长春市净月高新技术开发区福祉大路5788号
	邮编：130118
网　　址	www.jlsycbs.net
电　　话	总编办：0431-81629821
	发行科：0431-81629829
印　　刷	河北创联印刷有限公司
书　　号	ISBN 978-7-5498-6050-0　　定　价：56.00元

版权所有　侵权必究

前 言

文化创意产业是 21 世纪最具发展潜力、最具生命力的朝阳产业之一。随着新一轮高校产品设计学科建设的不断推进，文化创意产品成为此次大潮中的一股重要力量。文化创意产品是指基于历史文化资源，利用创新理念和技术手段开发出的各种基于传统文化的再设计产品和文化服务。当下创意浪潮强调文化艺术对经济的支持与推动作用，创意产品对人们日常生活的影响正日益加深。无论是精彩纷呈的游戏动画、旅游纪念品、手机视频，还是体现个性的网络平台等，文化、体验、创意、审美等因素成为人们对产品新的诉求对象。需要越来越多兼具创意与技术的人才来增强产品的实用性和文化性，明确创意人才的发展方向和目标。

对于文化创意产品而言，创意和文化是其核心所在，借助充满创意的设计方式将文化资源和产品巧妙有机地结合在一起，最后转化成具有商品价值和高文化附加值的产品。体验经济的时代为文化创意产品带来了新的发展空间，把体验要素引入文化创意产品当中，从而提升产品的互动性，突出产品的个性化，增强产品的感受性。"体验"是当前体验经济语境下的设计新理念与新思维，也可以明显地看到设计是一种以"体验"为导向的设计新理念、新思路，是现代社会发展的趋势与时代主题。

本书主要研究文创产品设计开发与创新方面的问题，涉及丰富的文创产品知识。主要内容包括文化创意与文化消费、文化创意产业概述、文化创意产品的发展思路、各艺术元素在文创产品中的应用、文创产品的开发设计、新时期文创产品的创新动力、文创产品的设计创新、基于体验经济的文创产品设计方法和理论、文创产品设计的未来发展趋势等。本书在内容选取上既兼顾到知识的系统性，又考虑到可接受性，同时强调文创产品设计的创新性。本书旨在向读者介绍文创产品的基本概念、原理和应用，使读者能系统地理解文创产品的基础知识。本书涉及面广、实用性强，使读者能理论结合实践，在获得知识的同时掌握技能，理论与实践并重，并强调理论与实践相结合。本书兼具理论与实际应用价值，可供相关教育工作者参考和借鉴。

目 录

第一章 文化创意与文化消费 ························· 1
第一节 文化商品的价值 ························· 1
第二节 文化消费 ························· 4
第三节 文化创意的相关概念 ························· 7

第二章 文化创意产业概述 ························· 12
第一节 文化资源转化与文化产业创新 ························· 12
第二节 创意思维与文创产业原动力 ························· 17
第三节 文创产业与城市发展的构建 ························· 25

第三章 文化创意产品的发展思路 ························· 31
第一节 文化创意产品设计理论 ························· 31
第二节 文化创意产品的特征 ························· 39
第三节 文化创意产品设计方法 ························· 41
第四节 文化创意产品设计研究的发展与现状 ························· 45

第四章 各艺术元素在文创产品中的应用 ························· 47
第一节 插画艺术在文创产品中的应用 ························· 47
第二节 剪纸艺术在文创产品中的应用 ························· 51

第五章 文创产品的开发设计 ························· 55
第一节 传统文化元素与文创产品设计 ························· 55
第二节 多感官体验与文化创意产品设计 ························· 58
第三节 色彩文化与文化创意产品 ························· 61

第四节 仿生设计与文化创意产品设计 ·· 65
第五节 文化新经济与文化创意产品设计 ·· 67
第六节 非遗文化与文化创意产品的设计 ·· 70

第六章 文创产业的创新动力 ·· 73
第一节 文创产业政策的制定和实施 ··· 73
第二节 互联网经济下文创产品运营新方向 ·· 76

第七章 文创产品的设计创新 ·· 84
第一节 文创产品的构成要素与分类 ··· 84
第二节 文创产品的创意与实践 ·· 90
第三节 文创产品中的体验的引入 ··· 95

第八章 基于体验经济的文创产品设计方法和理论 ······························ 98
第一节 体验经济概述 ·· 98
第二节 基于体验经济的设计思维 ··· 107
第三节 内容体验型产品的设计创新思路 ·· 113
第四节 技术体验型产品的设计创新思路 ·· 118
第五节 营销体验型产品的设计创新思路 ·· 120

第九章 文创产品设计的未来发展与趋势 ··· 129
第一节 国际文化创意产业发展方向 ··· 129
第二节 在体验经济下的设计发展方向 ··· 134

参考文献 ··· 138

第一章　文化创意与文化消费

第一节　文化商品的价值

当代社会，产品的存在形式和满足人们消费需求的形式产生了显著的变化。伴随着新的商品形式的出现，商品由满足人们的基本生活需求向更高层次发展，满足人们精神需求的商品成为新的消费热点。由此，消费和消费文化逐渐成为政府和学者们关注的对象。这些文化产品中带有显著的时代特征和社会特征，同时也传递着社会的价值、意义及社会规范要求等，由此产生了对这些产品进行链条操作的产业形势，即文化产业诞生。文化产业在产业特征、产业机制和产业的运营形势等方面都与传统产业存在显著差异。因此，文化产业也是人们对产品创意性需求创新的产业。

创意产品是突破常规思维形式的最终结晶。在文化产品中，产品的创意性非常重要，这也同时表明了创意是人类劳动价值的体现。文化产品所特有的文化特征总是与社会历史、时代发展和民族特征密不可分，因此理解一个文化产品需要了解社会的历史性和背后的民族特征。这一规律已经在马克思的经济学思想中得到了体现，马克思就是从商品的历史性、民族性等方面着手分析商品经济规律的。文化商品具有文化性和经济性的双重特征，也是社会发展的文化传递形式。在文化人类学的视域下，人类文化的多元性背景决定了文化产业的发展总是带有民族的烙印。在充分认识人类文化发展多元性特征的基础上，分析文化商品使用价值的多重可能性及导致多重可能性的社会文化根源，分析文化产品的价值构成特征的过程也是分析文化产业发展实质的过程，对于认识社会发展的轨迹具有重要的现实意义。

一、文化商品的价值基础

人类活动的本质属性在于创造。人类发展的过程就是在不断创造新文化的过程。因此，文化产业发展的过程是人类社会发展的必经过程和一种必然形式。在经济社会的发展中，生产过程的发展就是不断的再生产过程，但是任何的劳动过程不能是重复性的建设，在再生产的过程中，要发挥人类的智慧，重新构建商品中各种要素的组成和结构，促使产品在形态和使用价值上都产生新的变化。同理，创意在商品上的体现本质上是通过新的思维促使产品的架构和要素得到重置，增加其价值的过程。因此，文化的发展总是与创意存在千丝万缕的联系，总是相依相存的。但在商品创意的发展过程中，虽然人民认同创意的重要性，但是在再生产的过程中加入创意性的劳动却得不到重视。在分析劳动的特征时，伴随着经济社会的发展，劳动的定义早已经不是简单的体力劳动，人们对事物的分析、比较、归纳得出的一些经验规律的过程显得更加重要，创意成为指导简单劳动的思想性活动。因此，现代商品的发展过程中，创意性劳动具有独特的价值。

文化商品的出现，代表了人类社会对创意这种劳动在价值领域内的认同，对文化产品的认可并使其发展也带动了文化产业的发展。劳动价值论是对人的智慧特征的认可，人类的商品特征中必定是包含人类智慧的产品。人类发展的社会性要求现代产品不仅要满足人们的物质需求，从更高的发展层次讲，更要注重文化产品的生产，满足人们日益增长的文化产品需求。人类的需求是物质和文化的双重需求，文化产品的出现正好满足了人们在文化方面的需求。相对于普通的物质性产品，文化产品更多的是在于其传递了人类对精神内容的追求，是社会发展文化特征的体现，也是人类社会发展更高阶段的必然体现。

二、文化商品使用价值的文化多样性前提

人类社会发展衍生的文化呈现出多样性特征。文化商品的这个多样特性在生产和消费两方面都得到了很好的体现，并且在商品的价值和使用价值方面也呈现出多样性的特征。人类的经济活动形式带有社会性的特征，这是由人类群体特性决定的。因此，在文化商品方面也蕴含着人类商品的经济和社会性特征两方面的内容。前面讲到，商品已经不能仅仅局限于满足人们的物质需求，人类在精神层面的需求日益显现出来，文化商品的需求日益增加。研究表明，人们对于产品的需求，除基本的生理需求外，更多地表现为心理方面的满足，比如身份、地位、权利等方面的体现。因此，人们基于自身的心理需求特征，对商品的使用效用和满意度评价方面存在差异性。这种差异，在短期或者小范围内表现为消费者个体的需求差异，但当放置于经济社会的发展中来看，不仅仅是个体的差异，而且是人类社会不同文化世界的差异表现。当处于不同文化背景的人们对文化产品的消费产生差异时，表明不同文化社会的产品存在差异，这时就产生了对不同文化产业的冲击影响。

现代社会的发展不仅仅是物质方面的，精神文明的发展更加重要。通过提出问题、解决问题，不断发掘创新，出现新的商品形式等是对人类不同领域的物质文明的贡献，

对文化商品的创造性改进更是对精神世界的发展贡献。不同类型文化上的进步不仅促进了文化产业的发展，更促进了整个社会精神文明的发展。因此，文化创意产品是经济社会发展的又一体现。

三、文化商品交换价值的实质及幻象

虽然从社会总商品方面来说，交换价值总是与价值相等，但在交换过程中，经常会出现个别商品的价值和价格出现偏离的情况。马克思对此有深刻的揭示，他认为："价值表现的秘密，即一切劳动由于而且只是由于都是一般人类劳动而具有的等同性和同等意义，只有在人类平等概念已经成为国民牢固的成见的时候，才能揭示出来。而这只有在这样的社会里才有可能，在那里，商品形式成为劳动产品的一般形式，从而人们彼此作为商品所有者的关系成为占统治地位的社会关系。"文化商品作为商品的一种，其出现交换价值和价格偏离的情况也属于正常现象。从本质意义来看，人类的劳动创造了商品价值，人类创造性的劳动使商品具有了交换价值，但是在经济社会的交换过程中，存在很多影响交换价值的因素。因此，文化商品在交换过程中，也经常出现价格与价值背离的情况。现在经济社会的发展促使生产和消费产生了分离，这促进了社会分工和交换的发展，也为不同的文化商品交换提供了发展机遇。因此，商品交换需要解决生产和消费分离带来的影响。对于商品生产者来说，他们自身生产的商品已经不能满足需求，需要差异性的产品满足不同的需求时，就产生了对交换价值衡量的产品出现，这时货币就产生了。货币的产生使人们按照商品的交换价值进行货币交换。货币成为人们满足差异性需求的一种重要的交换媒介。人们对商品的需求变成了对货币的追逐。货币在经济社会的交换过程中扮演着重要角色。当货币与商品交换的手段变成人们追逐的对象时，商品价值和价格体现出相等幻象。经济社会中并不存在的商品形式，开始出现了经济性特征，并以货币表示为价格形式，可以进行交换和出卖，表现出商品特征。

对金钱的推崇使文化商品对人类社会精神境界的追求被削弱，人们精神境界的追求不被重视。优秀的传统文化在进行产品转型和创造性的体现时，往往被经济成本限制，不能得到有效发展。这种现象导致比较低俗的、迎合社会需求的，甚至是一些畸形的文化商品形式出现，并得到推崇，导致了生产与消费的幻象。沉迷于交换价值幻象的消费者们总是认为交换价值决定了商品交换。这不仅使人们在物质世界中失去了理性的判断，在精神层面的需求过程中，更是不能找寻到正确的、理性的消费方式，产生了这个时代的文化上的问题和隐患。

在文化产业发展过程中，以金钱为目的的交换价值幻象使文化产品发展缺乏创意，不具备长期发展能力。追逐交换价值幻象的发展模式，最终不能得到长远的经济利益。

只有对文化产品包含的丰富的人类创意性劳动内涵认可，才能正确认识文化产品的交换价值，因此那些背离了交换价值规律的经济现象最终不能长远发展。

劳动才是人类一切文明和文化成果的本源，劳动价值论就是这一基本经济理论认知的体现。劳动本身就是人类社会的创造性活动。文化是一个由思想、价值、符号及价值意义等组成的价值系统。文化作为社会的组成部分，更体现了人类改造社会的能力，人们对生活方式的追求。经济活动和文化生活是密不可分的两个方面，经济活动需要文化产品的出现，文化产品的发展离不开经济的发展。从本质上来讲，文化产品是经济产品发展到一定程度的产物，是人类活动经济价值的体现。文化商品与其他物质商品具有显著的区别，它体现为对精神世界的价值贡献。这是深层次的需求，在人类智慧发展的重要活动领域中，文化产品充当了重要的发展工具。

重视文化产品价值中人类劳动的作用，就要强调文化产业，要根据马克思所说的"更有利于生产力的发展，有利于社会关系的发展，有利于更高级的新形态的各种要素的创造"来进行发展。文化商品既具有经济特征还具有创意性，更重要的表现为人类的社会活动特征，文化商品的发展需具备引导社会积极健康发展的功能，否则这样的文化商品是不具有经济价值的。需要增加对人类社会有贡献的文化商品，这离不开人类的创意性劳动，将创意性劳动融合到文化产品中，才能为文化产业的发展提供长足的发展动力，也为文化产业的良好发展打下基础。

第二节　文化消费

一、从文化资本积累的角度看当代文化消费

1. 文化消费是促进人类文化资本积累的主要途径

布尔迪厄认为文化资本的主要作用在于促进个体的人生发展，文化消费可以实现人的文化资本积累。

第一，文化消费能体现个体的日常文化观，促进诸如品位、趣味等个性化的内容发展，正是这类消费带动了个体在阶层上的差异。一个家庭甚至一个家族的文化消费的习惯有利于形成一种家族文化。家庭在文化消费中表现出的消费习惯能形成消费惯性，并形成固定的文化消费氛围，形成下一代的文化消费品位。不同类型的文化消费之间形成差异，同类文化消费的人群更容易实现融合，这进一步拉大了文化消费之间的阶层差异。这样看来，文化消费偏好直接影响人格，形成文化资本积累，发展一种

良好的偏好就显得颇为重要，因为这有利于培养与主流社会、主流群体一致的"共同语言"，从而积累有助于阶层上升的人际关系。总之，文化消费能从个体影响扩大到家庭影响直至社会影响，有利于培养一个社会的主要文化氛围和文化基调，有助于社会发展，并能提升整个社会阶层的文化品位。

第二，文化消费也可以形成物质资本形式，并且文化资本也可以以物质资本的形式实现代代相传，形成家族文化积累。但是需引起注意的是，像购买书籍、文化艺术品等购买消费并不是真正地实现文化资本积累。对文化产品完成了购买过程，并不意味着实现了文化消费。文化消费需要消费者具备一定的消费能力，这里并不是指的购买能力，而是消费者能具备吸收和学习这类文化产品的能力，并且通过文化消费提升自身和家庭的整体文化鉴赏能力，提升文化消费层次，形成对文化产品消费的习惯性影响，这种从购买到学习、吸收的过程才是真正意义上实现文化资本以物质资本形式的代代相传。

第三，文化消费是获得和积累体制形式文化资本的最有效途径。体制形式的文化资本通常是指个体的受教育程度即所获得的学位和相关职业技能资格等。文化消费是获得这类资本的最重要路径。并且研究表明，文化消费的投资越大，个体所能获得的体制形式的文化资本也就越大，这类文化积累有利于整个家庭和后代的文化消费能力的提升。

2. 文化消费是加速产业文化资本积累的主要途径

由经济学理论可知，消费可以直接拉动生产，文化消费同样可以直接拉动文化产品生产，促进文化产业发展。文化产业的发展可以带来文化资本的积累。

第一，文化消费可以直接促进文化产业发展，推动产业资本积累，并且促进文化产业的再生产活动。文化产业的利润主要来自消费，文化消费活跃将带动文化产业利润增加，增加的利润一部分用于购买相关的原材料，另一部分用于文化产品创意设计、文化产品的生产条件改进等，促进新的文化产品出现，实现利润循环。另外，文化消费的利润水平也是能够增加投资的重要衡量标准，较高的盈利可以吸引更多的投资，投资带来的资本增加，可以更好地为文化产品创造基础条件，带动文化产品的创新发展，反过来又促进了利润增加。因此，文化产品消费的繁荣程度决定了文化产业的资本积累程度。

第二，文化消费的方向能引导文化资本的投资方向，并促进文化产业结构和产业链的优化发展。文化产品的供应方要增加产品的销量就要吸引消费者，并根据消费者的偏好、消费趋势及消费特点等供应相应的产品。所以，文化商品供应的过程就表明了文化产品消费市场的变化趋势。文化投资的决定也是由市场行为产生的，只有适合消费者需求的文化产品才会得到投资。因此，适应市场的文化产品更容易吸引投资，并且伴随投资的增加，适应市场的文化产品发展带动了文化产业结构不断优化。这种文化消费、生产、投资产业链的良性协调发展，带动了文化产业结构、文化产品供应和文化产品的需求，实现了良性互动，不断地促进文化市场繁荣发展。

从本质上看，文化产业链广义上是"文化+"消费链。文化产业是一系列相关产业的链条式发展形成的，是文化产业不断加深和文化产品不断创新升级发展的结果。

二、从文化资本转化的角度看当代文化消费

1. 文化资本可转化为社会资本，文化消费具有社交功能

布尔迪厄在《资本的形式》一文中论述道："资本不同类型的可转换性，是构成某些策略的基础，这些策略的目的在于通过转换来保证资本的再生产（和在社会空间占据的地位的再生产）。"因此，文化资本可以放在整个社会的角度去分析，文化资本的转化形式也被界定出来，当产品的生产和消费相互促进时，文化资本可以体现出经济资本和社会资本两种形态。

根据布尔迪厄的资本转化观点，文化资本转化为社会资本的形式主要可以分为以下三种转化模式：第一，文化资本如果表现为人格形式，则可以体现为一些习惯形式，并形成共同的文化基础和社会阶层情况，因此形成了阶层形式的社会资本。第二，如果文化资本的形式为物质文化资本，则这类资本体现为实体的物品，如购买的艺术品、书籍等，这类物质产品不仅代表了购买人的品位和文化基础，也代表了购买人的经济实力和阶层地位，形成了一定的文化产品交流圈层。因此，文化资本在一定意义上转化为了社会资本。第三种形式的文化资本体现为体制形式的文化资本，这类资本通常是一种制度化的资本表现形式，比如通过文化产品的消费，实现了一定的学历和职业技能，获取了一定的社会地位和社会阶层，直接将文化产品的消费积累成制度形式的文化资本，再通过社会地位的获取实现文化资本到社会资本的转变。此外，在制度化的文化资本过程中，还产生了很多的隐性效应。比如在获取了特定的社会地位或者进入特定的社会圈层以后，一些隐性的福利待遇、机遇、礼节等得到了提升，这种提升也带来了文化消费品位的提升，又形成了反向促进关系。但是，这种转化不是外在体现出来的，因此在分析文化资本到社会资本转化的过程中称之为文化资本转化的隐性形式。

由以上分析可以得出，文化消费可以带动文化资本积累，再通过文化资本对社会资本的转化，实现其社会功能。

经过文化消费向文化资本的三种形式的转化，资本积累得到实现，文化消费通过消费功能实现了文化资本增加。文化消费的转化形式主要体现为对教育方面的文化需

求。文化需求的消费主要是基于个体兴趣爱好的发展,或者是通过共同的文化意识形态,形成一种社会阶层关系,得到一定的社会阶层地位,实现社会资源的积累,并实现社会关系巩固。

2. 文化资本可转化为经济资本,文化消费繁荣文化产业

从社会学和经济学角度分析,文化资本都具备了转化为经济资本的条件和表现形式。布尔迪厄从社会学角度出发,认为文化资本在个体中表现为一种人生资本,通过这种资本可以得到更高的社会经济地位,实现更好的收入和社会福利。因此,文化资本通过社会关系实现了向经济资本的转化。思罗斯比从经济学角度出发,认为文化资本本身就具备了经济特征,文化资本可以直接投入和运用到文化产品的生产过程中,创造更多的文化资本积累。

学者们已经认同文化资本可以转化为经济资本,那么转化为经济资本之后,作用主要体现在哪些方面?第一,从表象上看,文化消费是购买了相应的文化产品和文化服务,但是从深层次来看,文化产品背后蕴藏着丰富的文化内涵,文化创意通过消费的形式实现了资本积累,形成了创意价值资本链。第二,文化消费是一种带动性和相关性消费,在消费文化产品的同时也带动了相关产品的消费,加快了文化相关产业发展,并促进了产业资本链的形成。第三,文化消费为文化生产带来了资金转化,通过将文化产品转化为文化资本,实现经济资本积累。所以,文化消费带动了文化产业在创意资本链、产业资本链、资金资本链三方面的发展,促进了各方面的互动发展。文化消费成为文化资源资本化和产业化运营的最关键一环和最直接动力。

第三节 文化创意的相关概念

文化产业的发展在全球范围内产生了巨大的影响,为经济发展提供了发展动力和支持。尤其是一些发达国家,在物质经济发达的基础上,文化产业发展为经济发展提供了新的动力支持。因此,许多发达国家把文化产业作为一个国家的战略性产业。文化产业的发展逐步成了世界经济发展的一种崭新表现形式。在文化产业的发展过程中,文化创意起到了重要的引领作用,创意决定了文化的发展方向,并且通过创意促使文化产业实现结构优化和质量效益的提高。文化资源的丰富、文化产业融合、文化资本的积累,这一系列的发展都与创意密不可分。此外,文化产业的发展也离不开相关产业创意的发展,相关产业的发展对文化产业产生了技术外溢效应。因此,创意是文化产业的核心力量,对文化产业的发展起到了决定性作用。

一、文化产业、创意产业和文化创意产业内涵界定

联合国教科文组织通常以文化产业作为常用定义。英国学者大卫·赫斯蒙德夫把文化产业定义为"与社会意义的生产最直接相关的机构"。美国学者艾伦·斯科特则基于文化服务的产出和作用来对文化产业进行定义，认为基于娱乐、教育和信息等目的的服务产出，和基于消费者特殊嗜好、自我肯定和社会展示等目的的人造产品的集合就可以被定义为文化产业。中国学者胡惠林则认为文化产业是由生产和消费组成的一个有机整体，是一个系统性的产业。综上，由国内外的学者定义可知，文化产业的定义通常都是从狭义的角度出发的，关注的是其内部蕴含的文化意义。

英国最早产生了创意产业的概念，创意产业在英国的经济发展中、在理论经济学的相关领域都产生了深远的影响。英国学者约翰·霍金斯就认为它是经济全球化背景下的产物，以创造力为核心竞争力，个人或者团队依靠自身的技术或者创意去带动产业的发展，形成新的知识产权或新的经营模式。由此，创意产业被定义为一个以脑力创造为主要优势地位的创新性产业。澳大利亚学者约翰·哈特利考虑将新媒体的力量作为创意产业的主要发展动力，通过创意将个人和工业生产结合起来，产生了生产和消费者之间的互联。同样，澳大利亚学者斯图亚特·坎宁安则认为，从本质上来看，文化产业和创意产业没有区别，创意产业可以创新新经济中的价值，可以实现单纯的媒体、技术等无法实现的效用。总之，学者们对创意产业的定义不仅考虑了文化本身，更重要的是从人的创造力出发，挖掘更深层次的创意产业含义。并且在研究创意产业的过程中，不只分析其对当前经济的影响，更加注重创意产业对未来经济的影响。

文化创意产业的定义和包含的范围都处于不断的更新探索中，国内外学者没有对其形成统一的观点。但是学者普遍形成的共识是，文化创意产业由产品和服务组成。世界知识产权组织给出的定义汇总认为，文化创意产业的所有活动都应该是围绕知识产权进行的活动，这些活动可能包括创造、生产、制造及传播等活动，这些活动的核心都应该是围绕知识产权进行的。联合国贸易和发展会议在《创意经济报告》中也认为，文化创意产品由货物和服务两种形式构成，都是以创意为核心的。这类产品在生产过程中包含了大量人类的创造力和创意。

文化创意产业在中国也得到了学者和政府的重视，并在理论和政策运用方面都得到了新的发展。中国人民大学金元浦教授认为文化创意产业是以经济全球化为背景产生的，是为满足人们的精神文化需求而产生的，通常是以技术手段作为支持，通过媒体等手段的配合实现经济和文化融合的一种系统性产业。台湾实践大学李天铎教授认为文化创意产业实际上是一个大的集成系统，从表层意义理解为文化艺术、风俗习惯等，而实际内涵中涉及了文化背后更深层次的内容，比如创作、发行、版权、消费，

范围涉及影视、动漫、音乐、广告等。大陆学者对文化创意产业的衡量存在不同的标准，他们往往从经济实践和经济数据方面分析其蕴含的理论意义。总之，文化创意产业是一个与多种技术相关的产业，并且涉及许多相关行业的发展，从综合角度考量并对其进行界定，被认为是一个普遍的趋势。

然而，在实际经济社会中，经过观察不难发现，图书馆作为文化机构，图书馆界对外化创意产品的认知和分析也存在较狭窄的层面。比如，近年来图书馆学者对文创产品停留在实体物质层面，没有挖掘其背后更深层次的产品的文化内涵。虽然有个别研究提出，文化创意产品的研究应该从物质形态和非物质形态两个方面考量，但是仅仅提出了这样两种分类，没有指出非物质文化形态产品的具体内涵以及如何对其进行分析，其认知还是停留在表层。面对这种困境，可以从国家和各地政府的一系列发文中找到相关的分析方向，政策汇总发现，国家不仅重视物质文创产品，更加注重非物质形态文创产品，并且提出要加快促进文创产品和相关产业的融合发展。但目前，能真正开展文创产品的图书馆还不是很多，国内做得比较好的地区，他们发展文化创意服务产品的同时，注重将文创与旅游融合起来，推出了系列研学游服务。

通过分析国内外对文创产业的研究进展，我们尝试得出文创产业内涵的一些要点。文创产业是以创意为核心动力，通过文创产品与相关产业的融合，促进人类经济世界的发展，并最终促进经济社会发展的新兴产业。文创产业大致可以分为三个类型：第一种为生产文创内容的，这类主要包括产品制造、电影产业、音像产业等；第二类主要体现为传播宣传服务，对相关的文化创意产品（或服务）进行传播服务，包括营销业、出版产业、传媒产业等；第三类是文化创意产品（或服务）生产和传播过程中的软硬件服务，包括技术发明、音响录制、电影放映、图书印刷等方面。这类内容需要相关产业技术的支持。通过以上对文创产业的概念的国内外发展情况和相关的分类进行总结，可以得出如下结论：

（1）从文化层面去定义和划清文化创意产业的起源、内涵和相关外延。人类文明的不断进步促进了文化创意的产生与发展，但文创产业依赖于经济社会的发展，以经济发展为基础。在市场经济环境下，文创产品的发展关键是市场需求，市场需求决定了其发展形势和方向，经济技术手段等是其发展的辅助力量。在发展过程中，文创产业的商业化运作又有可能对文创产业产生一定程度的负面影响。过度的商业化把文创产品的文化内涵冲淡了，增加了商业气息，掩盖了文创产品的本意。因此，文创产业的发展过程中，商业化运作是发展手段，但要合理运用，要将文创产业立足于文化基础之上。

（2）文化创意产业的起源最早可以追溯到几百年前的文化表达形式。从属性角度分析，文创产业最早起源于一些零星的文创行为，随着专业性和技术性的增强，逐步发展成为系统性的产业形式。从经济角度分析，文创产业是由许多相关产业系统组成的，这些产业在文创产业之前便已经产生并发展起来。

（3）文化创意产业的内涵包含精神价值、道德信仰、文学艺术、生活方式等多种文化层面。通过融入人类的创意来激发影视、出版、传媒、设计、广告、动漫、游戏、互联网以及音乐、舞蹈、美术等文化艺术形式的生命力，融合文化与科技、信息、旅游、体育、农业、金融相关产业形式等，形成一种系统性的产业形式。总之，文化创意产业是包含人类创造力的多种相关产业形式共同融合发展形成的。

（4）文化创意产业的核心是创意。从外延内容来划分，文化创意内容可以分为三种类型：文化创意产品的生产、传播、生产和传播所需的软硬件支撑。以创意为核心的文创产业突破了传统的三次产业的划分，使产业门类在创意核心下进行融合发展。以创意为核心的外延不断延展，会造成文化创意产业外延无限放大的问题。伴随着文创产业外延的扩大，也会导致文创产业范围的无节制扩大。所以，在对文创产业外延进行界定时，不仅要考虑自身的概念，也需要结合国家的产业发展状况和发展规划，这样才能对国家的文创产业做出适合国情的界定。

二、文化创意产品的内涵与外延

文化创意产品是一类特殊的产品。它主要是为了满足人们的精神需求产生的。主要特征表现为：一是开发和利用现有的文化资源，二是存在一定数量的消费人群。在文化创意产品市场中不仅要生产相关产品，还要保证产品能满足消费者的精神与生活需求。文创产品是对文化产品的创意性发挥，通常的文创产品是可以重复升级和利用的，因此文创产品还具有重复发展的特征。对文化资源的利用和开发程度与消费者自身的文化产品消费能力密切相关，对消费者的文化产品消费能力进行深入的了解和分析，对于分析文创产品发展具有重要的现实意义。

文化创意产品的内涵是丰富的，涉及多个方面。主要是指满足人们精神需求的，包含创意因素的各种文化产品的集合。这类产品通常具有民族特征和社会文化特征。文创产品的深入发展促进了文创产业的发展。通常可以根据文创产品对人类精神的满足分为四种类型。第一种为核心类产品，是满足人们的精神需要的性质，比如满足审美追求。第二种为形式产品，主要指满足人们精神需要的实现方式。第三种为期望产品，主要考察产品满足人们精神需求的程度，人们对其效用的满足程度。第四种为延伸产品，主要指文创产品带给消费者的附加效用，比如是否提高了人们的审美层次。

对于文化创意产品的外延，我们主要从层次和国别分类尝试理解。

1. 从层次上分类

从产业链的上、下游关系及产品的创新程度上分析，文化创意产品有三个层次上的分类，也是其外延的重要实现形式。从上游和下游产业关系出发，结合产品的创新程度，通常将文创产品分为三种类型。这也是其产品外延上的体现形式。第一种是以思想性、创新性为主的核心产品，包括新闻、出版、报业、文艺演出等，由于产品具有原创性的特点，在满足消费者的需求方面产生了良好的反馈。第二种是外围产品，这类产品通常是对文创产品的一种衍生体现。形式主要有音像、电信、旅游、娱乐等，采用思想、文化、创意的方式满足消费者的精神需求。第三种是延伸产品，具有文化创意的非兼容性和非排他性的双重特征。例如，园林绿化、会展、工艺品等。尤其是产品的非排他性，消费者的使用数量并不影响其他消费者的使用，大大提高了文创产品的消费者效用，也提高了文创类产品的社会效用，对于提高整个社会文化的发展具有重要作用。

2. 从国别上分类

由于每个国家的国情存在差异，因此决定了文创产品在起源、发展方向、表现出的特征和发展的重点等方面在各国之间存在差异。因此，各个国家对文创产品的定义也存在显著差异。要深入分析文创产品的外延，必须依据不同国家的国情对文创产品进行分析。下面以中国、英国、美国、日本四个国家作为例子进行分析。第一，我国的文创产业分为文化艺术、广播、影视、网络服务、广告设计服务、休闲娱乐、旅游等多种类型。从类型上、从层次上、从国家经济发展程度上我国的分类方式都有助于文创产业的发展。其为文创产业的发展提供了理论支撑，同时也为有关文创产业学科的发展提供了理论基础。第二，英国由于其经济的发展程度带来的精神产品需求较早，因此英国也就成了最早提出并发展创意产业的国家。英国主要重视以设计为核心的创意产品的发展，并且重视高技术产品在创意产品中的应用，其主要关注的产业包括广告、音乐、出版等方面。第三，从美国的文创产业来看，主要体现为版权特征。美国依据这一特征将文创产业分为四个类型。一是核心版权产业，包括图书出版、文学创作、音乐、摄影等。二是相关的交叉版权产业，行业外延为电视机、收音机、录音机等。三是部分版权产业，行业外延为服装、珠宝、家具博物馆等。四是边缘版权产业，包括大众运输服务、电信、网络服务等。在各分类过程中注重文创产品的知识性特征。第四，由于日本这个国家在动漫方面发展迅速，不仅在自己国家中占有很大的市场份额，在欧洲国家也占据了较大的市场份额，成为其国家的文化特色。因此，日本将文化创意产业分为内容产业、休闲产业、时尚产业等。这种分类方式体现了国情特色，也符合自己国家的经济发展特征。

第二章 文化创意产业概述

第一节 文化资源转化与文化产业创新

一、现代产业背景与新的文化资源观

任何社会和产业发展都离不开资源,资源是形成一切经济条件的物质基础。文化创意产业也不能例外。文创产业的发展不仅需要有形的物质资源,更需要无形的文化资源。

关于文创产业所需的文化资源,目前并没有形成统一的观点。相关的观点主要有下列几种:第一类,把文化资源与文化进行了简单的相同化处理,认为两者之间可以等同。第二类,认为文化资源是由人类的物质资源转化而来的,可以划分为历史资源和现实资源。第三类,认为文化资源是可供主体利用和开发的,并形成文化实力的各种文化客观对象。比如,以前的文化资源的积累以及现代的文化活动、文化设施和文化的相关载体,这些都可以称之为文化资源。同时还认为,文化资源多种多样,有历史性和现实性的、人文与自然的、有形与无形的、可再生与不可再生的等。

通过分析文化产业和文化资源的相关定义,可以得出虽然各种定义之间存在差异,但都是围绕人的创意为核心进行定义的。值得注意的是,文化资源不仅表现在人文方面的资源,自然资源也是重要的组成部分。在现实经济社会中,文化产业是放置于产业背景下进行文化资源分析的,但是资源的概念伴随着经济的发展和时代的发展发生不同的变迁,因此本研究认为文化资源也应该在产业背景下去理解和阐释。也就是说,文化资源要伴随产业资源的发展进行不同的定义。因此,文化资源的范畴包含的范围广泛,并且伴随时代特征进行变化,文化资源已经是时代特征下,不同的区域和人文资源的汇总,不仅包括时间概念,也包含空间概念。从更广泛的意义上来讲,自然资源也包含在文化资源的范畴当中,比如根据当地特色定义的产业资源,如东北文化产业中的冰雪元素。

文化资源中包含历史性因素，还受社会文化和自然资源因素的影响。其既可以表现为物质文化形式，又可以表现为精神文化形式。在具体的体现形式上，文化资源可以是物质的、符号的，也可以是思想的、抽象的，形式多种多样。物质文化资源通常是可以通过一定的措施和标准进行价值衡量的，比如历史文物、工艺品等，可以用价值评估的办法进行衡量。以非物质形态呈现的文化资源通常不能通过具体的标准进行衡量，这类文化资源的价值在于消费者的心理衡量，这类文化资源主要表现为三种形式。第一种是一些符号化的文化知识，如语言、图画、音乐等。这种文化资源容易被记录下来，继而复制或者转化到产业生产中，产生社会效用。第二类是经验性的文化资源，如写作、歌唱、编程、设计等一些技能类活动，这类文化资源可通过长时间的学习获得，获得此类文化资源可以形成文化积累，为他人提供捷径。第三类是对文化资源的创新能力，如构思、创意、灵感、决策能力等。创新能力是文化资源价值中最重要的一方面，文化产品是创意性产品，对文化资源中的创意具有较高要求。这类资源正好满足了文化产品的要求，能对应文化市场上消费者的需求。

文化产业的发展离不开国家和民族的文化底蕴，中国悠久的文明历史为中国文化产业的发展奠定了坚实的基础。与此同时，中国丰富多样的自然资源也为文化产业的发展提供了良好的产业基础，并且为文化产业发展的丰富多彩和异质性提供了物质保证。

然而，仅仅拥有资源说明不了什么，对资源的一知半解或一般性了解也无关宏旨，至关重要的是必须"吃透""悟透"资源，掌握文化资源的禀赋资质。一个国家和民族有丰富的资源并不代表可以发展良好的文化产业。发展文化产业需要对拥有的物质和文化资源进行深入的理解和运用，这样才能发展好文化产业。

发展文化产业需要从以下几个方面的文化资源入手，这几个方面分别为资源品相、资源价值、资源效用、资源可发展预期和资源可传承能力。

资源品相主要衡量资源的外部特征和一些基本属性。

资源价值包含衡量文化价值、时间价值、消费价值和保护等级。其中，文化价值是文化类资源最重要的特征，表明了特定资源的社会性和经济性。时间价值主要指文化资源形成的历史、相对于其他物品的稀缺性、产生时间、所处的社会经济发展水平以及其比较优势和可替代性。此外，还包括文化资源的可复制性，用以衡量文化的独特性和原创性特征。文化消费与其他消费品相比具有独特的消费特征。主要特征为可以体现个体的人生观、价值观及习俗或者生活习惯等方面的特点，这种消费特点需要依赖文化产品消费实现。保护等级是联合国教科文组织等国际组织和国内有关机构对相关文化资源的保护做出的等级评审。

资源效用是一个多角度的、多方面的衡量，主要涉及社会效用、经济效用、资源消费人群以及资源市场规模等。和其他的基本生活资源相比，文化资源具有不可替代性和地域差异。

资源可发展预期与文化资源和相对应区域的社会经济文化发展特征、人民的生活等方面存在密切的联系，因此区域经济发展水平，对文化资源功能的发挥产生重要应用，可发展预期与当地经济的预期密不可分。

资源可传承能力包括指资源规模、资源综合竞争力、资源成熟度和资源环境等方面。

文化资源是文化产业基础性、核心性的要素。文化资源在文化产业的发展过程中发挥着重要作用。深入分析文化资源的特征，合理地运用和发挥文化资源的功能，能促进文化产业发展。否则，没有因地制宜，脱离了自身文化资源背景的文化产业注定不能长远发展。

二、文化资源的闲置、不当开发与文化产业形式雷同

我国不同区域都具有丰富的文化资源。其文化资源不仅历史悠久，还具有独特的文化底蕴。但是，文化资源丰富的区域并不意味着一定能发展繁荣的文化产业，这需要其他要素的支持，这些要素主要包括创意和现代的相关软件和硬件设施。在文化资源的利用过程中，若不能掌握和利用自有资源的独特性，容易被他人模仿和复制。这些中国的传统文化在国外盛行和发展起来的例子已经存在，因此需要重视防范，并引以为戒。

正确的认知可以规避文化产业发展道路上的误区，但是错误的认知会成为文化产业发展的阻碍，可能造成文化产业发展中的扭曲开发、错误利用，甚至是不可逆的负效应。这类负效应主要表现在文化资源的限制和浪费方面。主要表现为，在文化或者是历史性的文化资源保护方面意识淡薄，很多历史性文化资源遭到了破坏。同时，文化资源的发展需要良好的社会基础和人民群众的保持意识，但是这两种基础在目前还存在一定欠缺。

涉及现代化的文化资源方面，许多与文化硬件相关的文化资源的使用效率低下，成为现在社会文化产业发展的一大难题。例如，我国剧场的空置率较高，许多高校开设的博物馆难以引起消费者的兴趣。同样，由于消费者的文化消费意识和保护意识不足，许多有田园特色的或者是自然风光的文化资源，在消费的同时也被破坏，最后导致文化资源无人问津。

不当开发主要表现在以下四个方面：

第一种是急于开发。一些区域没有对当地现有文化资源进行理解和消化，没有总结出自己的特色和适用范围，而是盲目着急上马开发，导致对文化资源缺乏调研，缺乏有效利用。这样开发出的文化资源产品和文化产业的发展都是盲目的、跟从的，无

法最大限度地发挥文化资源的特色。这样的文化产业在发展过程中不能实现长效机制，还会导致文化资源被破坏。因此，对文化资源进行合理有效的规划，是开发文化资源的前提。

第二种情况是盲目开发。首先文化资源在功能和分类中都存在差异化。有些文化资源是容易被开发和形成文化产品的，而有些文化资源是很难被转化为社会应用产生经济价值的。通常来讲，可度量化的文化资源容易被转化为文化产品进入市场，发挥市场价值。而不可度量的文化资源是很难转化为文化产品进行传播发挥价值的。如果对文化资源的转化没有充分的认知，没有遵循文化资源的特征，在利用过程中可能产生盲目的开发。

第三种情况是粗放开发。许多地区在经济利益的驱使下，在没有对文化资源现状进行充分认知的前提下，就简单化仓促地生产了一些低水平的文化产品，以为这类产品可以代表文化资源体现出来，但是带来的经济效益并不高。消费者在消费过程中习得的文化知识也很少，对产品所蕴含的文化认可度较低。另一种情况是，一些经济不发达地区，没有充分利用现代科学技术方法，按照对现有文化资源粗糙开发，生产出带有一些知识或文化符号的产品后推向市场，这类产品汇总缺乏文化内涵气息，知识单纯地与文化资源产生关系，并没有将文化资源的深层次内涵包含在其中，这类产品的文化价值同样极低。同时，在文化资源的开发过程中，开发者缺乏文化储备，文化产品意识也比较薄弱，因此导致了文化资源没有得到有效开发和合理利用。从社会发展的大环境出发，城市化、工业化的快速发展也压缩了文化资源的空间，也会导致文化资源的粗放式开发。

第四种情况是无序开发。由于经济利益的诱惑，多数情况下存在着对文化资源的快速开发，没有合理的顺序和长远的秩序安排。对文化资源被改头换面，冠以市场化的名头，快速地开发出来，失去了原有的文化气息。一些民间的民俗活动等也被商业化无序开发，没有了原有的风土人情内涵。甚至有一些珍贵的文化资源被这种无序开发导致了内容的扭曲，促使整个社会文化资源开发环境发生了变化。

三、基于资源禀赋的文化产业业态选择

单纯就文化资源这一资源来分析，文化资源本身并不是一种产品，也不是一种产业，文化资源是产品开发的基础。但文化资源转变为文化产品不是简单实现的，必须按照步骤，有序地、合理地开发。在开发过程中不仅要重视保存原有的文化特色，还要加入现代化的技术手段。这样，文化产品既能引起消费者的兴趣，又能原汁原味地保存文化资源的特色。在文化产品的形成过程中，注意找准创意点，在内容、体制方面做到创新，不是文化资源的简单转化。在文化产品的转化过程中，要加强文化内涵的体现，

这是实现文化资源资本化积累的最重要途径。文化资源经过创意的深层发展，可以创造出非常多的新产品，获得新的商业利益。因此，一个国家、一个民族文化竞争力的象征就是其文化产品包含多少创意性。没有创意的文化产品，在市场竞争中，短期内可能获得利益，但是在长期市场中，终究会被淘汰出局。

文化资源的开发要在可行范围内进行。这就要求文化资源在开发过程中，必须充分认识现有的资源基础和可以利用的技术手段，做到合理开发，不做盲目开发。这样开发出来的文化产品才能在合理范围内实现市场价值。文化资源的开发还要遵循整体优化原则。文化资源是离不开地区的经济发展和历史文化环境的，因此在开发过程中必须和当地经济、科技等特征形成一体化协调开发，使文化产品呈现出的特征能代表当地的特色。同时，在开发过程中要注重规划，系统化开发，开发并不是把文化资源进行简单的组合和拼凑。在开发中注重文化资源的可持续发展和文化资源的传承性。在文化产业中实现文化资源的发展和永续利用，保证不能盲目开发，不能只看重短期利益，导致文化资源不能发挥最大价值。

那么，在理解文化资源转化原则的基础上，文化资源产业化可选择的策略和路径是什么呢？

首先，充分重视文化政策的引导和规范作用。文化产业的发展需要文化政策保驾护航。各类相关的产业政策需建立健全，以保障文化产业在组织、投资、税收和资源保护等方面的发展都做到有政策可寻，依照政策办事。建立健全文化产业政策能为文化产业发展创造软环境。在体制方面，也要拓宽文化产业的体制轨道，使文化产业向着广泛、宽阔的渠道发展。在文化产业市场中，单纯依靠政府很难满足文化市场的需求，因此要充分重视市场机制的作用。在政府的监管下，依照市场机制，遵循产业政策，才能保障文化产业向着良性化发展。

当前的文化产业管理中，存在的主要问题是以前的地方行政化管理手段仍然存在。地方行政化的管理模式使各个文化发展出现了各自为政的局面，不能实现协调化发展。因此，在文化产业的发展过程中，要相互补充、相互协调，形成和谐发展的产业化机制。同时，要鼓励文化产业的中介部门发挥作用，协调和平衡各部门在文化产业中的发展。

同时，要注重文化产业集群式发展。在文化产业的发展中重视规模化和产业链发展，这是由文化产业自身的特性决定的。文化产业基于文化资源，它的发展与其他产业密不可分，文化产业是物质化生产发达的产物。文化产业的发展需要建立空间区域内相互联系又相互补充的文化链条，这类文化产业的集聚式发展就称之为文化集聚。文化集聚可以在空间范围内实现各种文化产品的相互补充和一体化发展，有利于促进区域经济的发展。因此，文化产业集聚和其他产业集聚相同，能产生产业集聚化效应。区域在发展文化产业时，注重相关文化产业的空间联系，形成文化产业集聚效应，对促进地区的文化发展，开发新的文化产品，最终促进区域经济发展具有重要作用。

文化产业的集群需要具备一些必要条件。第一，文化产业发展对空间有要求，产生集聚的空间必须是文化资源丰富的区位，这是形成集聚的基础。第二，文化产业集聚需要因地制宜，发挥文化优势和文化特色，形成特色集聚，避免重复建设和重复集聚。第三，在文化产业集聚的过程中，应重视政府的政策指引和行为规范作用。第四，文化产业的集聚归根结底是市场化运作的结果，文化产品在发展过程中，在市场机制的趋势下形成集聚效应。

此外，在文化产业的发展过程中，应重视现代技术的作用。传统文化在保持原有文化底蕴的同时，加入现代技术因素，能更好地吸引消费者。我国当前文化产业发展中存在的问题是现代化技术的应用还不广泛、不深入。这需要从以下方面进行改进：第一，文化产业的发展和产业升级，需要利用科技带动文化产业的快速升级和创新发展。第二，文化产业的发展需要高科技人才，高科技人才能更好理解和承载文化的深层含义，这样创造出的文化产品才能把文化底蕴传承下去，实现长远发展。

在文化创业发展中不断融合发展，创造出了许多新的业态形式。新业态形式的出现丰富了文化产业的形式和内涵。信息技术的发展、数字技术的加入，促使文化产业表现出多姿多彩的形式。文化产品更吸引消费者的眼球，文化的传播路径更加新颖，更喜闻乐见。第一，文化产业传播过程中采用了高科技手段，利用数字化的传播方式，提升了文化产业的技术水平。第二，数字化的新颖传播方式，使文化产品在更广的范围内得到传播，促使许多新的数字化文化业态出现。新兴技术形式的文化产品代表了文化产业的新的发展水平，市场潜力巨大。因此，各区域在发展文化产业过程中注重新技术的引进和运用，在文化中融入科技，形成新的竞争力。与传统的一些文化产品相比，新技术文化产品是近几年出现的新的业态形式，在发展方面更具潜力，逐步被广大消费者认可。在消费市场的需求引领下，创造出了不同的科技文化形式。要鼓励相关的文化产业从业者注重科技的影响，在市场导向下，发展创新型文化产品，提升我国文化产品的品位和层次，促进文化产业升级转型，加大高新技术文化产品的生产。

第二节　创意思维与文创产业原动力

一个国家和民族文化的繁荣发展，需要人民在传统文化的基础上进行传承和创新，不断提高文化产品的质量，不断促进文化产业结构调整优化。在文化产品方面，要大力发展有特色的文化产品，并注重文化产品的创新力，形成品牌意识，树立一批知名的文化产品，形成品牌效应。那么，在发展过程中，如何发挥创意思维在文化产品中的作用，如何带动文化产业中人才的积极性和创造力，成了重要议题。因此，需要从文化产业的核心入手，把握发展方向，促进文化产业的深化发展。

一、创意思维的内在构成

创意在文化产品中的重要性和作用已经被社会各界所认知，并给予了关注。但是在运用过程中，如何将创意应用到实践性产品中，成了限制文化产品的桎梏。这主要是由于个人知识水平或文化积累限制，不能达到创意的层次。第一步需要人们思考清楚，什么样的想法是创意，是不是具有市场潜力，是不是能获得好的市场效应。总体来看，一个好的创意，是贴合时代特征的、满足人们文化需求的、适应潮流的。因此，将创意应用到物质产品时，要注重文化和经济的结合、传统与现代的结合。在满足创意的各种作用因素下，一个包含创意的新产品才能呈现出价值。

国家也非常重视创意在文化产品中的作用，发布了一系列政策保障创意性产品和其他产业的融合发展。例如，国家统计局发布的《文化及相关产业分类》就把"创意在工业中的应用"加入其中，推动文化产业和工业的融合。各级城府也采取了形式多样的活动，从需求角度提高消费者的文化产品消费能力和水平，如举办创意性质比赛等。中国文化产业竞争力的提升不仅要注重在本国范围内的发展，更要提升国家竞争力，将民族的文化产品推向世界。但是从目前的情况分析，世界市场中来自中国的有竞争力的文化产品多基于一些视觉设计领域，鲜见实体性工业产品设计。这表明我国文化产品设计的实践应用性和其他先进国家还存在差距。从中国各区域主导的一些创意比赛中，也可以发现中国创意文化产品中存在诸多问题。例如，平面设计强、产品设计弱；模仿、浅层次设计居多，原创性、颠覆性设计少；题材和主题重复性大、多样性不足等。从理论角度出发，这些问题根源于对文化内涵的认知深度不够，创意仅仅停留在表面，没能深入并融汇到产品设计中，实践中的产品应用不能融合文化因素。我们所知的文化因素只体现在表面。因此，我国的创意产品之路还需要漫长的发展过程。

那什么样的作品算是一个好的创意、好的设计，关于这个问题的答案我们可以从日本文具设计师伊藤胜太郎那里找到答案。他创立了"伊东屋"品牌，这是一个很好的代表。在伊藤胜太郎的设计概念中，首先文具作为一种学习用品，必须便于在学习中使用。其次，为了引起学习兴趣给予了美观的设计，这些设计的研究是含有时代气息的，并且不会因为时间的改变而变得不再流行。第三层含义是最重要的，设计的产品到达消费者手中后，能激发消费者的学习兴趣和使用灵感，对消费者的学习和生活产生激励作用。当然，一项产品要包含上述三项功能是非常困难的，这样的产品才是有特质的，能形成广泛的市场影响力，形成品牌效应。这个案例表明，一项创意从产生到应用再到产品上，最后到产生良好的品牌效应是一个复杂的反映过程。创意的过程是复杂的，需要多种因素的配合，需要将创意应用到产品，还需要消费者感受的配合。供应者和消费者都是提升文化产品质量的重要主体。

一个优秀的文化产品必定蕴含独特的文化创意，这种独特的创意赋予了产品特有的竞争力，使企业在文化市场上占据优势地位。但是，在实践过程中，独特的创意并不是轻而易举的事情，这需要多种因素共同作用，且存在复杂的作用机理。创意也不是简单的一个想法，而是需要一系列的后续工作，将思维付诸实践。完整的创意思维需要引入实践性内涵，在此前提下，创意思维包括创意、创想、创境三个构成要素与演绎过程。将思维运用到实践过程中，需要复杂的过程。一个原创性观点的实现需要环境的支持。例如，将历史性符号或者故事的思想融入现代产品中，形成富有文化内涵的产品，这就是一种创新产品。或者是运用传统的文化意境演绎现代产品定位，体现独特的产品设计理念，这也是一种创意的实现。创意不仅仅是思想上的体现，关键是运用到现实生活中，提升生活中的文化品质。从世界各著名品牌分析，各品牌都蕴含着丰富的文化内涵，都是创意的体现。

在供给侧改革方面，文化产业亟须提高文化产品的质量和内涵，打造知名文化品牌，形成品牌效应，创造一批有原创力的产品，提高市场供给的质量。而生产高质量、高标准的文化产品需要高素质的劳动力，需要有深刻理解文化内涵的人才。目前市场上，有很多快速模仿产生的文化产品，但这样的产品只能创造短期利益，并不能产生长久的竞争力。因此，在激烈竞争的文化市场上，我们要打造原创的、特色的文化产品，需要培养高素质的文化创意人才。在消费市场中，普遍提高消费的文化鉴赏品位，形成消费和供应的共同提高，这既有助于实现供给侧改革的目标，也是新旧动能转换的重要目标。

二、创意思维养成的逻辑理路

创意思维是形成创意产品的核心要素，创意思维的形成过程是个复杂的过程，包含多个方面的内容。形成过程中不仅需要创造出符合精神需求的思维，更重要的是将这种思维运用到产品中，在实践中实现价值创造。因此，创意思维包含精神和物质两个层面的内容，只有将这两个层面结合起来，才能实现一个创意产品。创意产品的形成是复杂的，包含丰富的内在理论和实践逻辑。分析过程中，理论和实践缺一不可。

创意思维不是天马行空的，而是根据社会发展现实和需要而产生的，必须与社会需求紧密相连，在创意思维实施与产品生产之前的精神形式必须是社会需求的反映。因此，创意思维的分析研究，不能仅仅停留在精神世界，必须与当前的社会现实联系起来，能应用于现实发展的才是适应社会需求的创意思维。文化产品中的创意设计不仅要适应社会经济的发展，也要展现一个社会、一个时代的精神丰采和文化需求。因此，好的创意产品要包含丰富的文化气息和时代特点。在各个阶段的发展中，要运用科学的思维方式进行转化，才能将创意思维合理、有效地应用于创意产品。相关的展开思路主要表现为以下三种形式：

（一）处理好传承与创新的关系

传承与创新之间在不同的时代演绎出不同的关系，因此其关系要从时代特点出发去分析和研究。两者的关系在分析时要厘清里面本质的、不变的内容和伴随时代变迁的内容。一个国家的精神文明的发展离不开对传统文化的集成和发展。优秀文化的传承就是要提炼出反映民族特点的优秀传统文化，保持好文化传统，使本质内容一代代地发扬下去，这样才能在精神文明的历史长河中继续发展。这些精神文明的发展要贴紧时代潮流，符合社会发展特征，适应不断进步的社会要求。根据新时代中国经济的发展要求，设计出符合要求的创意产品，解决中国目前文化产业中存在的问题，促使文化产业在优化中不断成长。在这一过程中，要理性处理传承和创新的关系，它们之间不是相互矛盾的，而是要做到相互补充，相互促进。要做到最优秀传统文化的传承和发扬，对消极影响的思想要摒弃，做到取其精华，去其糟粕。与此同时，在传统文化基础上加入新的创新思维，创造出新的文化产品形式。

如果一味地只是对传统文化进行学习和保留，不能加入现在社会发展元素，就无法实现文化产业的升级发展，只能是传统形式的再现。传统文化的留存和发展是依赖于特定的历史文化背景的，当这些特定的历史背景不存在时，这些文化产品就面临两种情况。第一种情况是，有价值的文化产品被后人以展品和展览的形式留存起来，比如保存于博物馆供人参观。第二种情况是，那些可以加以现代元素进行重新提升打造的文化被改良，形成现代市场能接受的文化表现形式，形成了蕴含文化内涵的现代化创意产品。第二种才是文化传承发展的重要方面，我们不仅要学习和了解传统文化，更要融入血脉，在改良中不断发展，演绎成一代代的文化产品。当传承文化成为一种时代特征和国家的发展道路时，要妥善处理好传承和创新的关系。传承并不是模仿和复制，好的传承是加以创新内容的传承，要在不脱离本质的前提下，加入创意思维。

（二）处理好原点与支点的关系

在创意设计过程中需要的重要原材料便是历史的文化积淀。将这些传统文化加以现代思维创新。还有一个重要的创新点就是人类内心的追求，这是创新的出发点。一个能震撼人类内心的创意设计一定是从内心世界出发的。原研哉曾言："将我们已然熟知、习以为常的事物，以一种'初视之眼'去重新感受的能力，也就是以一种率直的心态去重新捕捉事物的本质，乃是设计的第一步。"他所说的"初视之眼"，就是指人类进行创意思维时要追寻内心的思想世界。纵观历史，人类发展过程中的需求一直围绕着生存和发展的需求，这些需求随着经济发展程度的改变，逐步地由物质需求发展到精神需求。但每个发展时期的这些需求内容存在很大差异，所以满足每个时代需求的文化产品形式都存在差异。创意设计的主要任务是结合时代特征，从文化视角出发，运用合理的方法去满足现代社会的精神需求。因此，在创意设计的发展过程中，要回到文化设计的出发点，以理性、科学的方式去审视应该怎样形成适合人类需求的创意产品，进而那些不符合长期发展的文化产品逐步被淘汰出市场。这种回到最初的思维方式，就是以现代人类需要的角度去衡量哪些创意产品是适合人类精神需求的，哪些是基于短期利益而缺乏深远影响的产品，逐步地甄别文化产品的品质，最终设计出适合人类任何发展和适合时代需求的创意发展途径。这是因为，创意产品的出发点要适应人类发展的需求，要符合时代要求。只有处理好如何回到最初的出发点去审视创意的实质，才能形成创意的全新认知。在处理创意思维理论和时间的关系时，要注重结合发展，以理论促实践，以实践发展理论。

（三）处理好眼前与长远的关系

创意设计水平的提高，需要从供给和需求两个方面入手。在供给方面，创意需要提供创意思维的人才，同时还需要培养创意人才的教育体系和创新环境。在需求方面，需要有创意产品的消费市场，要提高消费者的创意消费需求和消费品质。但这样的供给和需求市场需要较长时间去培养。市场对高端创意产品的需求，促使很多供给者为追求短期效益，抢占市场，设计和生产出了适应当前潮流的创意产品，这类产品缺乏文化思维内涵，只能得到短期收益，但是这种创意行为伤害了创意市场的市场机制，不利于形成健康的创意发展模式。一个优秀的创意产品必定是包含了浓厚的传统文化气息并结合了现代信息特征的，这样才能形成深厚的文化影响和品牌价值。因此，在创意产品的形成过程中没有捷径可走，只有坚持文化传承和创新创意理念，才能形成优秀的创意产品。

庄子说："无用之用，方为大用。"如果创意设计仅仅为了获得短期利润，而不顾长远发展，那会导致现有创意产品缺乏新意，复制抄袭之风盛行。因此，要创造出优秀的创意产品，要注重传统文化的传承，同时要注重内心文化的积淀，这样才能创造出融入新意和深厚文化内涵的产品。也只有这样也才能避免盲目追求短期利润，生产急于求成，使创意产品没有灵魂，只是表面添加了创意的符号。只有潜心创意，才能创造出真正具有创造力的创意产品，占据文化市场的优势地位，在竞争中取得长期利润。

三、创意产业的特征

创意产业作为新兴产业只有通过比较其与传统产业的差异，才能得到创意产业特征最准确的答案。

第一，从产品的生产目的来看，传统产业中，为降低生产成本，产品以规模化和标准化进行生产；而创意产业中的产品是代表独特思想的，每一个产品都具备自己的特征。

例如，传统产业的汽车生产，其零部件的生产过程都是标准化的，以实现大规模生产。只有这样才能最大限度地降低生产成本，在激烈的市场竞争中占据价格优势，具有强劲的市场竞争力。标准化生产，能保证每一个产品具备相同的特征，可以在生产过程中被按照严格的标准生产出来。这种标准化的产品可以更好地适应市场需求，更能降低检验成本。标准化的生产流程中更多地用到了机械化生产，成本得到了降低。因此，传统产业的竞争过程中，通常会根据现有技术条件，利用机械化生产，大规模地实现标准化生产，以达到降低成本、增加利润的目的。

这种生产方式与创意产业截然不同。在创意产业中，产品是含有独特特征的，无法实现大规模的机械化生产，无法实现规模化和标准化。因此，创意产业的生产过程通常是手工的，每样产品都体现消费者的固定要求，定制化和创意化成为其主要生产方式。创意产业由于行业门类众多，在生产环节中表现出的生产特点多种多样。比如，在媒体行业中，以音像制品等为代表的产品是规模化生产的。但是这种规模化和工业化生产过程中的规模化有着巨大差异。

第二，从产品生产过程中的组织结构出发，传统产业中的组织结构通常是一种比较固定的模式。而创意产业中的组织结构是依据设计特点存在的，通常是较松散的，根据不同的设计要求而存在。

比如，在传统的生产企业中，组织结构往往由厂房、仓库、机械设备等展开组织结构，企业需要大量的熟练劳动力，在不同的生产部门产生了不同等级的组织结构。这些组织结构通常层级鲜明，每一结构中有明确的生产目标。创意产业中不存在生产类企业的这种生产组织结构，甚至是与生产性组织结构完全不同。例如，在影视剧拍摄过程中，通常是以选择合适的演职人员组成的组织结构。这种组织结构不具备长期性，等项目结束，组织结构也不存在了，不是一种长期组织关系。

第三，从商品满足消费者需求角度来看，传统的产品通常是以满足消费者的基本生活需求为目的的，是生活中必不可少的产品。而创意产业是满足消费者精神需求的，有时也兼顾和附加一定的生活需求，它是在一定的物质满足基础上产生的。这是传统产业与创意产业最根本的不同之处。

按照经济理论，当消费者的物质生活水平比较低时，人们总是倾向于消费传统产业的物质的产品。但当人们的物质生活水平提高后，人们的消费需求开始向精神层面转移。企业已经发现并去适应消费者需求的改变，尝试在物质产品中加入精神需求的内涵，以满足物质生活水平较高的消费者。比如，一些具有较大品牌价值的产品，如耐克等国际品牌，其产品的创意内涵早已大于其物质内涵，在满足人们物质需求的同时，更大程度地满足了人们的精神需求。

和传统产业最大的不同在于，创意产品的根本目的就是满足消费者的基本需求。消费者对于物质的需求基本包括吃、穿、住、用、行等方面，没有较大差异。但消费者在精神层次的需求确各不相同。以文学为例，消费对于文学的消费偏好就存在很大差异，不同的题材和表现形式吸引了不同的消费者。因此，创意产品的供应者更注重分类化的差异需求。因此，这类创意产品通常被称为作品。

第四，从商品价值的变化形式出发，传统的产品是物质形式表现出来的，是从资本投入物质生产，物质从一种形态转变成另一种形态。物质产品伴随着消费者的使用逐渐发挥其使用价值，而价值在不断地减少。创意产业是另一种转化形式，将精神融入产品中，比如将创意加入服装生产，使服装不仅具有了保暖的功效，更是一种文化思想的象征。创意产业的发展依赖于文化的投入，使创意转化为产品。

第五，从产品的形态角度来看，传统产业生产的产品通常是以物质状态呈现给消费者的，消费者花费金钱购买物质产品，以丰富和便利生活需求。但创意产业不同，消费者在购买创意产品时不仅要花费金钱，还要花费时间。比如，音乐、电影等产品，需要花费时间才能消费它。因此，物质产品的购买是为了便利生活，获得物质享受，创意产品是购买产品丰富内心精神世界，促进精神效应层面效用的增加。

四、路径选择：从创意思维到原动力

黄庭坚曾言："随人作计终后人，自成一家始逼真。"这句话的意思也表明在文化产业的发展过程中，要以原创为根本，才能促进文化产品的创意性发展，保持发展动力。这也是引领文化产业持续健康发展的路径。因此，在新的时代背景下，要紧跟时代发展要求，实现文化产业的多样化发展，并在发展中提升质量，实现优化升级。创意是文化产业发展的根本动力，因此发展文化产业要以抓住培养创意人才这个发展重点，重视人才培养体系的构建和发展，并且注重形成创意人才进行创作的良好空间，保障创意性人才的培养环节，实现文化产业的创意性发展，这样才能实现文化产业的良好动力机制。

创意思维不是简单的一种思维，而是在文化产品的创造过程中综合运用的多种思维方式的集合。一个文化产品的创意过程是非常复杂的，从产生概念到付诸实践需要许多环节的配合。这需要发散思维、形象思维、逻辑思维等多方面的综合利用。既然创意思维的运用是复杂的，那么学者们在进行创意思维时也经历了多个阶段的准备和应用。主要包含三个步骤：创意、创想、创境。也有部分学者从技术和微观角度对创意思维进行了分析。在这部分中，我们主要对创意思维形成的一般规律进行研究。

一个人创意思维的形成受多种因素的影响，主要包括天生的禀赋和后天的培养。从先天角度讲，创意性思维受大脑的生理结构影响，这是人为无法加以影响和控制的，因此只能从后天培养角度着力培养。采取合适的教育方法、创造良好的创意环境等都可以对一个人的后天创意思维有帮助。拥有创意思维的人才通常具有敏锐的思维模式、丰富的创想能力及独特的思维模式，如果加之适当的培养模式和培养方法，必定能更深层次地发挥其创意才能。创意人才的培养应该以每人的创意兴趣和特点为基础，围绕其兴趣进行开发，这样才能培养出最大限度发挥其才能的创意性人才，也有利于形成多姿多彩的文化产业人才类型。对于创意人才培养来讲，视野是创意思维的基础，开阔的视野能给创意思维带来丰富的思维源泉，其创造出来的产品才能包含丰富的想象力，这样才能吸引消费者。想象力是创造之源，缺乏想象力是不可能创造出有创意的产品的。因此，文化产业在新时代的要求就是培养出符合时代思想特征的人才。创意型人才往往对生活中的事物保持了敏锐的洞察力和无限的想象力，从不同的视角去审视事物的发展，并结合自己的思维模式加以创造。因此，保持良好的观察力和敏锐的感知力是对创意型人才的要求。当然，我们也要从社会环境角度保护这类人才的创意性思维。

一个国家想要实现文化产业的高水平、高质量发展，必定离不开高素质的文化创意人才。人才是产业发展的根本。创意思维型人才是文化产业发展的根本，在培养和积累人才的过程中可能会影响产业的发展速度，但这是文化产业长远发展必须迈出的一步。新常态下的新动能应该是具有衡量创意能力大小的，而不是看发展速度的。从另一个角度思考，没有创意思维人才的产业发展速度只能实现短期的增长，无法实现长期快速增长。只有保持原创性的作品设计才能创造出有吸引力的作品，才能实现避免重复设计的误区，实现长远发展。

文化产品中包含设计师的文化内涵和文化价值，因此只有设计师具有深厚的文化底蕴和有创意的设计思维，才能将这些文化内涵运用到产品中，体现出产品的文化价值，形成产品品牌价值。在创意性思维的创造中，最好的思维方式是创造出体现原创的、具有人文情怀的、脱离了功利性思想的产品。这类产品才能深入人心，在获取经济利益的同时，传播了文化，提升了消费者的文化品位。

拥有古老文化的中国蕴含着丰富的文化资源，这些文化资源的利用和传承需要现代人更大的努力。有句话说："传统并不是崇拜灰烬，而是要让火苗继续燃烧。"这表明，优秀的传统文化资源不会自然而然地出现在现代的文化产品中，而是需要我们结合现代社会的时代特征，去传承和利用，将传统文化融于现代文化产品中，去发掘传统文化的亮点，应用于现代文化市场。对传统文化的传承需要人们文化素养的提升，去感悟认识文化资源的起源、发展及现代的演化。将文化资源理解透彻才能实现应用，想要真正实现文化资源的最佳应用还必须了解文化资源的本质和发展规律，摸清发展脉络，厘清能加以利用的部分，巧妙地将创意思维应用到现代文化产品中。中国目前的文化产品已经具有自己的模式，在传承中华民族文化传统的基础上，不再是模仿西方文化，而是原创性地实现了中国创造，将中国优秀的传统文化融入了文化产品舞台，并将产品推向了世界文化舞台。

第三节 文创产业与城市发展的构建

近年来，全球化经济迅速发展，各国的产业结构开始面临结构调整，城市经济开始不断优化。在这一经济背景下，文化产业成了新兴产业，甚至成了一些国家的重要战略性产业。文化产业中不仅有传统文化还有现代科技的助力，不仅能代表一个区域的地域特征，还能突出一个城市的风土人情。因此，文化品牌已经发展成能代表一个城市的核心竞争力。这必然也涉及文化生态的概念，它是文化在发展过程中与环境的相互依赖、相互关联影响的关系。现代社会的发展过程中，文化扮演着越来越重要的角色。文化不仅要实现经济效益，还要实现社会效益。在经济效益方面，文化产品要适应市场需求，创造价值。在社会价值方面，文化要实现和社会环境的良性互动关系，促进城市文化环境的健康发展。这样才能实现文化环境影响，约束人们的行为，实现良性健康发展。

1. 文脉接续

依据我国文化产业的发展现状态分析，文化产业的发展受城市经济发展水平的影响，经济发展水平越高的地区，文化产业的发展状态越好。此外，一个城市的文化根基是文化产业发展潜力的重要约束，文化根基深厚的城市文化才能发展出竞争力强劲的文化产业。我国目前很多区域都有了文化产业的发展规划，并进行了文化创意园的实践。显然文化产业的发展受到了区域经济发展水平不均衡的影响。但是发达地区对文化产业发展的热潮虽然促进了经济发展，但有大部分是表层的文化产品，缺乏实质性文化贡献，不能实现长远发展，只能是昙花一现、盲目跟风。区域的文化产业发展效果不理想的原因是复杂的、多方面的。根本原因可能是地方政府对文化产业的发展内涵认识不到位，追求短期经济利益。这一政策导向促使很多文化产业商家盲目跟风，加入一些快速短期的文化产品充斥市场，形成短期繁荣。但最终导致地方文化产业畸形发展。

第一，文化脉络的发展具有活态性，这能为文化产业的发展带来新鲜的元素，不断进行补充。这种活态性发展表现为两个方面。一方面，城市中文化产业始终都是在传承中发展的，只是复制和学习的文化很难获得竞争力，因此能在城市市场存在的文化产业一定是注入了新鲜发展因素的。另一方面，城市文化和居民的生活是密切相关的，居民既是文化产品的生产者又是消费者，脱离了居民生活的文化创作方式也不能占据消费市场，因此城市文化就是在贴紧生活中不断更新和发展的。

第二，文脉资源还能促进文化产业实现集群式发展。当然，这种文化集群式发展与区域经济的发展程度密不可分。目前，国内文化产业集群都分布在经济较发达地区，如长三角、珠三角和环渤海地区。除了这些经济发达地区，一些经济和文化资源都较为丰富的中小城市也开始出现了一定程度的文化集群现象。原因可能基于以下两方面：一方面，由于文化市场发展的规模需要和信息的传播速度加快，文化集群的产业发展模式得到传播。另一方面，文化产业的发展离不开对传统文化产业的开发和发展。以景德镇为例，虽地处中部省份，经济发达程度不如东部发达地区，却是历代的"瓷都"，陶瓷艺术是城市文脉的核心要素。近年来，景德镇凭借丰富的文化禀赋和相关的产品开发，形成了许多围绕陶瓷发展的文化创意产品，从创意设计到实践应用，陶瓷概念已经运用到了各种产品类型，从物质产品到非物质产品，陶瓷已经深深地根植于这一地区的文化之中。这种以文化资源作为驱动力，带动物质产业发展的产业集群形式，是以文化创意产业带动地方经济快速发展的一个很好案例。

第三，人才辈出的文创人才培养模式为文创产业发展提供了力量和新鲜血液。文创产业的根本是好的创意，好的创意来自高素质的创意人才。因此，哪里拥有创意人才，哪里才能发展好创意产业。目前，我国的文创人才由两类组成，一是通过本土化的培养和传承，二是通过引进相关的创意人才。目前，在我国现有的教育体系下，创意人才的培养模式并不健全，创意人才的数量和质量与发达国家相比都存在很大差距。另外，创意人才的流动机制也不灵活，创意人才的流动受特定地区文化特征的影响。从相关城市的发展可以发现，城市良好的文化生态可以为文创人员提供好的培养系统。以苏州的文创人才培养模式为例，传统的手工艺文化气息浓厚，工艺人从小受到这样文化生态的影响，对手工艺有浓厚的兴趣，加上当地的一些类似培训学校和个体培训的情况众多，这样的人才培养模式也影响到了周边城市的文创人才培养，具有良好效果。从另一方面来看，对于文创人员来说，一个良好的文创环境对他们有很大的吸引力，能形成人才集聚效应。因此，在一个城市的文化生态和经济环境都兼具的情况下，文化产业才能实现更好的发展。

第四，文化创意产业对文脉传承有显著的积极效应。文化创新是文脉传承的重要内容和核心思想。文创产业是在现代技术条件下，对传统文化进行的改造和传承，里面包含了众多的创新和发展。文创产业不仅是一个城市文化发展的重要产业，更是促进城市文化创新的重要载体。从体制创新角度来讲，文创产业的发展带来城市文化环境的改善，并创造出良好的文化市场秩序，为政府的文化产业政策和各类措施的出台提供了实践和检验。文创产业还能吸引广大人民群众参与进来，共同为文化创意出谋划策，不仅增加了文创产品的创意性，也激发了人们对文创产品的参与热情，增加了城市人民群众的文化基础，为全城文化发展提供了文化基础和群众基础。

2. 文化认同

文化认同是指人与人之间或者是群体之间存在着共同的文化认知。在历史社会中，由于信息的不发达和交通工具的落后，人们的活动范围狭窄，因此文化的传播范围较小，很容易形成一定范围内的文化认同。伴随着现代科技的发展，现代社会文化的传播速度和范围都产生了巨大的改变，文化传播使不同地区认识到了不同的文化，当然不同的文化之间存在冲突和融合。在一个城市的文化发展过程中，应充分认识到文化认同的作用，对文化认同加以理解和应用，对文化冲突也要加以识别的科学对待。因此，文创产业的发展中，离不开对文化认同的不断发展和认知，是一个由认知到加以利用的过程。

文化认同是基于文化的相互关系中的一种认同，因此关系的存在是其发展的基础。文创产业是基于相互认同的文化生产者之间的发展建立起来的，是认同者和被认同者在发展过程中相互影响的结果。这种影响发生在双方的文化产品上，由于文化产品表达了不同文化个体间的态度。文创产品的生产者利用自己的文创产品承载自己想要表达的文化内涵和价值观，消费者对文创产品的消费就表明了这种思想的认同。反过来，消费者对文创产品的反馈也反映了消费者对产品的需求。这种认同关系都是基于个体的自我感受，受个体文化背景和受教育程度的影响，所以在文创产品的认同过程中，要注重自身价值的体现，保持自己的独特思想。在市场经济中，那些独具特色的文创产品正是占据市场优势地位的产品。广大消费者对文创产品的消费是消费者根据自身情况进行的一种价值选择，这种消费体现了消费者的身份认知，是一种趋向于自我文化的认同。

文化的认同，是对消费者的社会认知和文化认知的体现。社会和文化的价值度会随着时间而产生改变，因此文化的认同也是一个发展变化的过程。变化的特定表明文创产品的多向选择特点，因此文创产品具备了多种多样的发展趋势，并向着多样性扩张。这种文创产业的发展趋势在不同区域范围内产生，在国家范围乃至全球范围内都发生着这样的变化。在文创产业的全球化发展过程中，文化认同和文化冲突同时存在着。

文创产业就是在认同和冲突中不断前行的。文化冲突可能在发展中，形成一部分消费者的认同，获取更多的消费者。另一方面，文化认同也会对本地区范围内文化创意的发展起促进作用。比如，在韩国，其文创产品深受欧美文化的影响，但是韩国的文化认同感较强，消费者强烈的文化认同对本地的文创产业起到了保护和发展作用。韩国凭借本土的文化认同形成了一定规模的文化输出，对周围国家的文创产业造成了较大影响。这样的发展趋势也促使韩国提出"文化立国"方略。韩国实现了文化产业的发展壮大，文化的输出起到了很大的作用。

"跨文化认同"是来自世界各地的文化形成交融，并不断迸发出新的文化形式。这种文化的形成受全球化经济的影响。跨文化产品的产生使世界各国的文化传播得到可能，文化的交融更加深入，文创产品成为一种世界性的产品，又有各国的特色。世界共同感知的内涵，是文创产品发展的一个较高境界。文创产业在世界范围内的发展也是不均衡的，由于文化的传播深受经济实力的影响，因此世界大国存在文化的输出和文化产品的强烈影响。作为发展中国家的中国，在保持自身文创产业发展的同时，又要吸收来自国外文化产品的优秀部分，并加以利用。在发展中一定要保持文化产品的民族特色，不能丧失了自主的文化特征，保持中华民族优秀传统文化的传承性。这种措施也是为了保持国家文化的多样性和文化的传承性。

3. 文化多样性

文化发展的多样性受到双重影响，一方面，地方文化的特点使不同地域的文化具备不同的发展特征；另一方面受经济全球化的影响，全球文化开始出现趋同发展趋势。在文化产业中，文化资本成了主导力量。文化产业需要面对多样性文化的冲击，文化和环境的关系也呈现出多样性，因此分析文化和环境的关系，是分析城市文化生态环境的必由之路。

多样性的文化是实现文化产业发展呈现多彩特征的基础，文化产业的多样性发展离不开文化资源的积累。文化多样性的表现是多种多样的，涉及语言、思想等方面的学习和传承，更体现在对这些方面的市场转化，把文化转化为现实产品，实现经济利益和社会效益。文化产业以文化为传播形式，并且受不同地区文化特点的影响表现出显著的文化地区特征。目前，我国的文化产业发展中呈现出结构不均衡发展态势，高科技影响文化产业发展迅速，年均增产速度较快。而传统的艺术行业，因为经济收益不高，发展速度缓慢，很难开发出适应现代发展的文化产品。除了文化产业发展呈现出地区差异之外，文化产品的发展也在城镇化发展影响下，在文化产品的创造上缺乏新意，不同地方的文化产品出现趋同现象，一方面使消费者对文化产品失去兴趣；另一方面，导致文化产品被模仿的现象越来越普遍。

从资本的逻辑层面来看，虽然现代化的技术手段对文创产业产生了促进作用，比如数字化技术、信息技术手段的发展，促进了文化的传播和多样性发展。但同时也带来了一些影响。文化产品更容易被模仿和复制，这也导致了文化产品容易产生同质化发展趋势。第一，文化产品的生产和传播是由国家的经济发展水平决定的，一种优秀的文化传播是以国家经济实力作为后盾的。因此，文创产品在全球的生产和分布并不是均等的，西方发达国家在文化产品的传播上具有强大的优势。通过强劲的经济手段和文化传播手段，发达国家的文创产品很快占据了全球市场的优势地位，很多经济不发达国家的文创产品被挤占，在市场上处于劣势地位，甚至退出文化市场。因此，经济的全球化带动了文化的全球化发展，但是资本实力是文创产品的基础，资本的冲击使文化产品的发展遭受了巨大的危机。第二，文化产品生产过程中存在的标准化流程，也抑制了多样化发展。文创产品一旦要进行生产并推向市场，必定要实现一定的生产规模，因此在生产过程中必定少不了标准化的流程，这种标准化生产一定程度上限制了文化产品的多样性。并且在经济利益的诱惑下许多地方特色的产品不断地被标准化改进，地方特色正在消失。因此，不能实现长远的利益化，想要实现文创产品的长久发展，还是要有原创性的作品，不能依靠模仿和复制。

4. 文化生活

人类社会发展首先要满足基本生理的物质需求，当物质生活得到满足后，精神需求便被体现出来。伴随现代社会经济的发展，文创产业越来越重要。伴随人们对文化产品的需求日益增加，文创产业逐步走进了人们的生活。人们在消费文创产品满足自身需求的同时，也反馈给了文化市场需求信息，生产者通过需求信息创造出更适合市场的产品，因此消费又带动了生产的升级。文创产品能满足人们不同层次的精神需求，不同水平的文化需求使文化市场的多样性进一步发展。消费者对文化产品的消费状态和消费结构显示了国家的经济发展水平和居民的生活状态。初级发展水平国家的居民，其文化消费层次往往处于低级水平。以娱乐和消遣为主要目的的消费只能满足居民短暂的精神需求，不能形成精神文化层次的提高，不能在心灵深处提升精神境界。只有高层次的文化消费能提升人的精神境界，体现精神世界和经济世界的协同发展，找到精神和经济的平衡点。高层次的文化创新是一种社会地位的体现，同样也能形成人与人交流的一种群体效应。文化实力比经济实力更能彰显一个人的情怀和内涵。因此，文化消费更是一个个体融入一定社会层次的自我价值修炼。人们需要在物质生活不断丰富的今天，实现经济价值和文化价值的双重发展。

传统文化的发展和经济发展密不可分。在工业化时期以前，传统的文化仅仅局限在一定的范围内，内容也十分狭窄。但在工业化之后，全球经济实现了快速发展，人们的物质生活得到了迅速提升，为文化的传播和发展提供了空间和潜力。具体在以下几个方面得以体现。第一，文化生活的形式呈现出多样化趋势。生活中的文化需求呈现出多样性，多样化的精神需求被满足的同时，文化产业蓬勃发展，并在经济实力层面将文化消费实现了分层。第二，城市的文化生活发挥了引领作用。相对于乡村，城市的经济发展水平更高，精神文化的需求更迫切。因此，城市文化产业发展迅速，并不断由城市蔓延至周边乡村，带动了农村地区文化消费。第三，伴随现代科技的发展，尤其是互联网技术的发展，文创产业的形式和发展速度出现了质的飞跃。文化产业的传播速度更快，形式更加多姿多彩。第四，发达的经济水平已经带动着文化消费比例大大增加，文化消费的群体逐步形成。其消费群体主要由中产阶级组成。文化产业既要满足文化消费的需要，还应发挥文化消费的引导作用。第五，文化产品中蕴含文化的消费价值理念，这已经通过文化产品传递给消费者，并对消费者的消费习惯和生活习惯产生重要影响。但是，目前文化市场中仍然存在一些对文化产品的过度开发以及为获取经济利润削弱文化价值的商业活动，这将导致文化生活品质降低。因此，在文化产业的发展过程中，要注重经济价值和文化价值的双重体现，文化价值要向着高质量方向发展。

第三章 文化创意产品的发展思路

第一节 文化创意产品设计理论

文化创意产品设计不仅包括产品的内涵、功能、材料、造型、制造工艺等，还包括相关的社会、经济以及消费者与设计者生理、心理等方面的因素。文化创意产品设计以人的需求为出发点。随着科学技术的发展，大众的审美意识和生活、文化观的变化，信息传播的方式日益丰富。文化创意产品设计承载产品的文化限定，现代的消费者也以更加包容和开放的心态看待和接纳各种文化、各种风格的文化创意产品设计。

一、现代文化创意产品发展背景

随着社会经济的发展、科技的进步，世界文化艺术交流日益频繁，人们开始追求设计的多元化发展。在设计中不仅考虑实用性，而且会从多个角度去考虑其意义和价值。为了满足当代文化创意产品设计多元化需求，可以从以下几个方面来探讨文化创意产品设计多元化实现的可能性。

（一）科学技术的进步丰富了设计的手段

现代社会正处在科学技术不断创造更新的迅猛发展时期，新技术的开发和利用以及层出不穷的新型材料让文化创意产品设计的选择范围越来越广，打破了设计的局限，提高了设计产品实现的可能性，为文化创意产品设计提供了多元化的载体，转变了生产方式和手段，推动了文化创意产业的发展和繁荣。

（二）经济的发展提供了物质保障

文化创意产品设计生产、销售和市场需求与经济发展息息相关，当前全球经济与市场广泛开放、交流，形成了一个世界性的市场。作为非生活必需品，文化创意产品受经济水平的制约，经济繁荣时期，消费者需求大；反之，则减少。经济繁荣时期，文化创意产品的需求增加，经济为文创产业的发展提供物质保障，经济也因为文创产业的发展而发展。

（三）信息的交流促进了文化交流

在信息快速交流的今天，各国文化之间的交流与融合更加密切。文化的碰撞、价值观念的差异性都给文化创意产品设计提供了不同的文化资源，信息的全球共享以及获取的便利性也为设计师设计文创产品提供了便利，同时消费者也能更多更广地了解全球的文化动向和不同地区的文化创意产品。

二、不同类型的文化创意产品设计

不同的时期，不同地区会形成不同的文化，每一种文化都具有其他文化所没有的优势，其风俗习惯、物质基础、文化心理等受环境影响产生不同，从而塑造了不同的价值观和思维方式。文化相互交流、取长补短，在借鉴彼此优势、共同发展的过程中不断创新。不同类型的文化创意产品设计可以分为以下三种：

（一）博物馆文化创意产品设计

博物馆的社会教育与娱乐功能是文化传承与传播的重要途径。博物馆依据收藏、展示物品的不同，可以分为历史类博物馆、美术类博物馆、自然与科学类博物馆、地域民俗风情类博物馆以及综合类博物馆等。多元化的文物资源成就了博物馆文化创意产品的特色。博物馆文化创意产品不仅有商品属性，而且具有传达馆藏品的象征意义、美学价值的高附加值。它可以传递文化的情境或感触，增强参观者的感受。

（二）旅游文化创意产品设计

在快速发展的信息时代，人们的民族意识和对民族文化的认同感逐渐增强，因而通过开发和应用地域文化来设计旅游文化创意产品，可以提高地域文化的存在价值。当前各国都致力于把本国特色展现在广大消费者面前。旅游文化创意产品将地域性民俗文化元素与实用性、创新性结合，不仅能够突出传统文化的价值，推广传统民族特色的文化，也能够使消费者产生情感共鸣，让更多的人认识它。

（三）校园文化创意产品设计

一是表演性。拉丁舞通常以比赛的形式出现在赛场，随着艺术多样性的发展，近几年逐渐以表演形式走向艺术舞台。比赛强调舞者的技术性，而表演则更侧重舞蹈的艺术性。比赛中由于受场地、时间及评判标准的限制，通常以展示技术动作为主，或加入适当的情感表达；而在表演中没有严格的场地、时间、服装、表演主题等方面的限制，舞者有更大的发挥空间和不同的表现形式。在进行艺术创作时除设定舞蹈主题外，舞者的艺术表现力显得尤为重要。面部表情是艺术表现的重要手段之一，通过面部表情可以感染观众，进而传达舞蹈情感。面部表情是转瞬即逝的，经过艺术上的加工和提炼以及美化的面部表情，可以极大地增强拉丁舞表演过程中的艺术性和表演性。

校园文化是学校所具有的精神环境和文化气氛。以学校的人文特色为素材，以承载学校历史文化底蕴而开发的校园文化创意产品，是学校品牌开发、突出自身优势、提升自身影响并创造一定经济潜能的重要手段。校园文化创意产品在很大程度上承担了重塑校园记忆的功能。

三、多种多样的文化创意产品设计表现手法

在全球化的今天，人类进入了信息时代，文化和艺术的交流日益频繁，文化的多样性更为明显，文化创意产品的设计表现手法也多种多样，打破了固定的思维模式和地域间的限制。当代的设计经常采用折中的手法，将各种文化元素融入，通过设计将各种文化带入人们的日常生活。新一代的消费群体对文化创意产品提出了多元化的需求，促使设计师设计时运用多种表现手法，使产品丰富多彩。同时不断借鉴不同地域、不同历史时期的文化与艺术风格，与当代审美情趣相结合，创造出更多的表现形式，也形成风格独特的设计产品。

（一）文化创意产品外观设计的多样性

文化创意产品要吸引消费者，使消费者产生购买冲动，首先是要设计出独特的外观设计。文化创意产品的外观设计需要符合广大消费者健康的审美和爱好，具有普遍的、多元的价值取向。在造型方面，不同时代不同消费群体在审美上千差万别，于是设计的造型也就呈现了多样性的状态。

（二）文化创意产品使用材料的多种性

使用不同的材料可以表现出产品的不同档次，因此对设计产品材料的重视程度并不低于对设计本身的要求。随着科学技术进步带来的材料创新，设计师在材料方面有着更多选择，可将各种材料混合、交错使用，同时也拓宽了设计师的思维。

（三）文化创意产品功能的多元性

文化创意产品的设计不仅仅为了美观而设计，实用性也是文化创意产品设计中要

考虑的基本因素。当代的文化创意产品使用功能也越来越多元化，如钱包、手提包、披肩等实用性强的生活类文化创意产品越来越成为主要的设计载体。

（四）文化创意产品工艺种类多重性

手工精致类文化创意产品的设计带有浓厚的文化、地域差异。设计为了适应当地的自然环境以及本土的人文地理，所使用的原料、蕴含的设计元素自然也是不同的，如苏州工艺美术馆的各类手工商品，价值不菲。这类手工化的文化创意产品虽然价格比较高，但能起到保护和传承地方传统手工技艺的作用，让文化创意产品更加多元化、精致化。

工业化的文化创意产品的设计具有生产效率高、生产规模大的特点，这种机械化大批量生产出来的文化创意产品，价格低廉，贴近大部分消费者的购买心理，对于文化的大面积推广起到了很好的作用。这类文化创意产品包括出版类书籍、宣传画册、导视手册、光盘等，可以直接详细地向参观者深入介绍博物馆的主题展览和藏品，更方便参观者与亲朋好友分享体验，如故宫博物院出版旗舰店售卖的一些与故宫相关的书籍。

随着消费力和生活品质的提升，人们更加愿意将文化创意产品"带回家"。这类文化创意产品设计通常会选取最具代表性或最有特色的文化元素进行开发，灵活运用文化元素，将文化内涵转化为具有实用功能的产品，种类和形式多样，且美观有创意，能给予消费者不同的体验。文化创意衍生运用类产品大致分为三类：①生活用品类，包括杯子、杯垫、餐具、钱包等；②文具用品类，包括笔、笔记本、资料夹、书签等；③服饰用品类，包括T恤、领带、丝巾、收纳袋等。

高科技化仿真类文化创意产品的设计主要是满足收藏和鉴赏的需求，分为两种：第一种是价格高的高仿复制品，在使用的材料和手法上，高度还原传统文物，以高端的消费者为主，价格较高，生产数量少，附有证明书等以保证其真实性和珍贵性，具有收藏价值。第二种是价格较低的复制品，可以大量制造，采用不同材质进行复制，虽然不可避免地丧失了原有藏品的美感和艺术性，但考虑到市场及实用性，能够适合大部分人的消费水平。

四、当前文化创意产品设计的不足与发展趋势

当前的文化创意产品设计也有一些轻微的弊端，其不足之处主要有：

（一）文化的缺失

科技的飞速发展使产品的功能创新，不断地刺激产品的更新换代，部分设计师追

求商业效益强调功能至上,导致产品文化内涵缺失。同时飞速发展的制造业生硬盲目地堆砌文化元素,把一些毫无关联的元素堆砌在一起,使文化元素与文化创意产品设计在形态上、语意上、观念上与文化背景脱离,造成了文化创意产品中文化的缺失。

(二)创意的缺失

现在很多文化创意产品设计的山寨化、同质化现象严重,设计缺乏创新性思维,只是在形式上简单地复制、放大与缩小,再以低质低价等手段抢占市场;甚至一些文化创意产品只是给普通工艺品印上图片,或是市场上多见的廉价工艺品。在不同地方购买的文化创意产品大同小异,本身没有体现出与主题相关的特色。

(三)文化创意产品设计缺乏延续性

随着消费者对文化创意产品品质要求的日益提高,从发展的角度来看,如果不树立文化创意产品的品牌,不注意文化创意产品设计的延续性,虽然短时间内能获利,但其文化产品就难以成为独特的产品,而最终会被市场淘汰。

(四)文化创意产品发展不平衡

一些大城市的博物馆文化创意产品设计,发展比较全面,像大英博物馆、故宫博物馆等,但是其他地方博物馆则发展缓慢,没有形成系统的文化创意产品机构。旅游文化创意产品和企业文化创意产品等发展不够完善。

(五)文化创意产品今后的发展趋势

从现阶段的文化创意产品设计的特点及其不足之处来看,以后的发展趋势会从以下几点展开。

1. 文化创意产品的主题系列化

有创意、有文化性的系列文化创意产品在开发设计过程中,一个主题产品的系列化开发有着绝对优势。文化元素被运用到不同产品的造型、色彩、材质、结构等设计手法中,加大了消费者对文化元素的注意,有利于推广。系列化的文化创意产品设计开发具有明确的主题,可以根据消费者的需要开发出完备的产品。

2. 文化创意产品的环保化

增强文化创意产品设计的延续性的价值在不断地变化,当代的设计发展方向应该是在满足人们生活需要的同时,体现积极的、健康的、不以破坏生态和环境的要求。我们在设计产品时必须考虑前期使用和后期销毁对人们生存环境的影响。

3. 文化创意产品的个性化

具有品牌效应文化创意产品设计的生产经营者为了区别于其他类似的文化创意产品，除在设计上展示创意以外，在文化创意产品上、包装上、宣传广告中会使用特定标识，突出文化创意产品特有的文化。

4. 文化创意产品的多元融合化

当代多元化的文化创意产品设计有着发展的大好机遇，文化创意产品设计向大众提供文化、艺术、心理等产品，形成完整的产业链，属于第三产业类型，具有高知识性、高附加值性与低耗能、低污染等特征。未来的发展应当加快文化产业与其他产业跨界融合发展的进程，建立专业性的组织完成各类资源的支持与互助。提升创新和服务品质，增加附加值，塑造品牌，推动文化创新体系形成完整稳定的产业链。

世界是多元的，世界上的万事万物都有自己的特点，多元化是事物发展的基本样态。不同性质、特点和背景的价值观与思维方式会产生冲突，文化创意产品设计就是在这种多元化的背景下交流、冲突、融合不断发展的。在全球文化产业、创意经济不断发展的大环境下，文化创意产品通过发掘自身文化资源，利用设计对文化进行创新，与创意产业、产品设计不断相互融合，传播文化。

本节通过对文化创意产品的现状进行分析和探讨，对文化创意产品的设计案例进行分析研究，得出现阶段文化创意产品的多元化特点。目前我国文化创意产品的设计和开发还处于探索阶段，在今后的文化创意产品设计发展中，新兴的多媒体设计与文化创意产品会更加紧密地结合，创造出更加多元化的产品，并会对文化创意产品的消费人群进一步细化。同时会加大建立文化创意产品设计的交流平台，有效地引导文化创意产品的设计、生产与推广。

五、基于中国传统文化的创意产品设计

（一）目前传统文化相关的文创产品设计存在的问题

随着我国文化创意产业的不断发展，文创产品的市场从一片空白到今日连政府都高度重视和大力扶持，并且有越来越多的高等院校和个人都踊跃参与，总体而言，文创产品是朝着良性的发展方向前进的。但是，一些严重影响文创产品发展的问题仍然存在，并且越发明显。

1. 文化元素的使用过于死板

中国是世界上屹立不倒的文明古国，具有博大精深、源远流长的优秀传统文化，这是文创产品极为重要的资源。设计即创造，需要不断吸收、消化外部一切的灵感来源，

将之实现。但部分设计师在文创产品设计上明显缺乏思维的灵活性,对传统文化的理解、分析十分片面,仅仅是单一地在形式上重复传统文化中的元素。融入产品后既表现不出设计师对传统文化的理解认识,也没有体现出独到的民族特色,产品太过单一乏味,给人一种由多种杂乱元素"堆砌"而成的荒诞之感,只能沦为工艺产品中的低端廉价产品。这样对质量、文化内涵、民族特色都毫无追求的产品,不仅不能促进文创产品市场的进步,反而会在一定程度上影响消费者对文创产品的理解,对文化创意产品的发展极为不利。

2. 传统文化产品设计缺乏延展性

文化创意是将产品的附加价值提升的有效途径,而设计风格的延展性、可持续性则是产品品牌价值的重要保证。产品的良好发展需要在设计风格上要求统一,统一的设计风格将是产品品牌的一个重要标签,更便于向大众传递企业的产品信息,在长期发展中树立一个明确的企业产品形象,让广大消费者对产品形成信任,对企业的经济发展有良好的作用。但是由于时代的快速发展,多数企业为了在短期内尽可能多地博得消费者的眼球,一般大量生产短期、快速的文创产品,虽然在短期内能风靡一时,但是缺乏品牌延续性的文创产品在热度过后很快就会失去价值,失去传统文化本身源远流长的特点,不利于企业的发展和文创市场的稳定。

(二)传统文化相关的文创产品设计原则

1. 功能性原则

功能性是产品设计的基本原则,一件功能性不强的产品纵然设计再巧妙也难登大雅之堂。产品自身具备的可靠性能是任何产品都需要最优先考虑的内容。其中所包含的安全性、稳定性以及对人的适应性都是必要的考虑点。一件优秀的文创产品不仅要能满足人们精神层次的需求,更要具有实用性。而考虑到传统文化的独特性,产品的选取方向也应更加贴近生活,如生活用品、衣物、餐具、家具等。传统文化本就是存在于市坊民间而一代一代传承下来的精神寄托,所以产品也应更好地融入老百姓的生活才能在本质上体现出文创产品的价值,所谓"艺术源于生活,而高于生活"便是如此。

2. 文化性原则

文化是文创产品的灵魂,也是消费者在一般产品和文创产品之间选取时影响主观购买欲望的重要因素。一件优秀的文创产品应在文化上引起消费者的共鸣,在传递信息的同时能唤醒广大消费者对传统文化的认识。文化性原则是文创产品所要遵循的基本原则。

3. 审美性原则

在文创产品设计之初，审美因素就是设计师所要考虑的重要一环，在功能性相差无几时，让消费者选择该产品的一个重要因素就是审美性原则。要严格遵循审美性原则，在设计中充分考虑当下的大众审美，在满足产品功能性的基础上最大限度地满足消费者的审美需求，生产出使大众都乐于接受的产品，从而增加产品的关注度，以及企业的口碑。

4. 创新型原则

时代的快速发展给人们带来好处的同时，也意味着各方面的更新变化都在加快。文创产品这样基于文化而生产的产品更是极容易跟不上时代的脚步，所以设计师应时刻保持灵敏的"嗅觉"，时刻注意社会审美需求的变化，以及产品功能性的完善和修改，最大限度地及时满足消费者的需求，为文化创意产业提供更优秀的载体。

5. 情感性原则

消费者的感性心理也是文创产品应注意的十分重要的关键点。在消费者购买力和生活需求不断提升的现在，大众的感性心理也越来越受到重视。一件可以引起消费者共鸣的文创产品，显而易见更能融入市场，在为企业带来收益的同时，传递文化信息的效果也更加明显；消费者得到情感体验的同时对传统文化认识的唤醒效果也更加显著。

六、基于中国传统文化的文创产品设计的思路探索

1. 传统文化元素的合理运用

传统文化是一个民族的文化特质，是一个民族普遍认知且独特存在的标识。传统文化作为元素融入文创产品，不但有利于文创产品的创新、中国传统文化的延续，而且能在精神上加强人民的民族自豪感，是十分良性的拓展因素。因此，在文创产品中，加入我国传统文化元素是文创产品发展的必然方向，也是必不可少的一项，也是在新时代下传承我国优良传统文化的重要途径。但是，文创产品的文化传承并非一味地复制、重复过去的历史，而是应该在传统文化中取其精华，将其整合拓展，使其成为一个独特的元素符号，代表着文化的同时，也向其中加入了新时代下设计师对文化的新一层次理解。不但能反映出我国人民的精神特点，而且有利于人们思想的进步，而非沉浸于过去停滞不前，对文化的发展是十分有利的。善用地域文化也是十分重要的一点，在同一设计风格下灵活地将各地域传统文化的元素变换融合，所产生的实际效果也绝非"一加一大于二那么简单"。

2.传统文化的抽象意境融合

中国的哲学思想一直都是世界上影响力最大的思想,世界四大文化圣人便有一位是中国人。"无极""天人合一"等都是我国极具代表性的抽象哲学的典型,也是传统文化意象的杰出体现,更是在设计上历来加以采用的精华。设计师将这些带有丰富的抽象哲学的文化元素加入产品中,可以创造出更具民族特色的文创产品,与此同时,善用这些哲学元素,将使产品本身就带上哲学的气息,使其文化的附加价值更胜一筹。而这些自古就深入我国民众心中的哲学思想,也能使消费者更加容易接受文化产品所传递的信息。

3.注重生活实际体验,将传统文化情感融入设计之中

艺术源于生活而高于生活,设计的本质来源于生活,因此也一定要融入生活。不能跟生活接轨的设计其价值很难得到体现,而设计的灵感多数来源于生活中的每一处细节,正如同牛顿因一个苹果而发现万有引力那样,设计的灵感也往往都源自某个不经意的细节。要保证思维的与时俱进,结合大众当下的心理状况、审美需求,设计出更多带有传统文化气息的文创产品,将设计师的情感融入产品之中,尽可能多地使广大消费者产生共鸣。越是源自细节的设计,越容易走进消费者的内心,越能受到消费者的青睐。

社会的发展是必然的,文创产品也要时刻紧跟进社会前进的脚步,不断创新设计理念,转变设计方法,更多地将传统文化融会贯通,结合大众的行为特点、审美需求以及功能需求,设计出更多带有鲜明民族特色的文创产品。满足大众生活需求的同时也最大限度地满足大众的精神层次的需求,促进中国传统文化的传承与发展。

第二节 文化创意产品的特征

一、文化创意产品的概念

"文化创意产品,是指文化创意产业中产出的任何制品或制品的组合。从产品最终形态来看,文化创意产品包含两个相互依存的部分:文化创意内容与硬件载体。文化创意产品区别于一般产品的特殊性主要在于它的文化创意内容,这是文化创意产品的核心价值。但文化创意内容无法独立存在,必然要依靠具体的硬件载体而存在。"中央财经大学文化创意研究院院长魏鹏举对文化创意产品的这一定义通俗地解释了什么是有形文化创意产品,却忽略了文化创意产品也包含无形的服务。笔者认为理解文化创意产品的含义,关键在于弄清它与一般文化产品和一般物质产品的关系。

（一）创意内核

文化创意产品作为文化产品的一部分，其本质都是通过人的劳动创造出来用以满足人们精神文化需要的产品。但同时文化创意产品不同于一般文化产品，而是文化产品的重要分支。文化创意产品强调创意、重视创新，重视个人和团队的创造力以及知识的作用，强调文化对经济社会的支撑和推动作用。文化创意产品力求探索文化元素或文化因子，通过各种设计手法、表现手法以全新的表达方式诠释文化创意，以此提升产品和服务的附加值，为消费者提供独特的消费体验，激发新的消费欲望，引导消费升级。

（二）商品属性

文化创意产品与一般文化产品和一般物质产品一样，都具有一般商品的属性。

恩格斯对此进行了科学的总结："商品首先是私人产品。但是，只有这些私人产品不是为自己消费，而是为他人的消费，即为社会的消费而生产时，它们才成为商品；它们通过交换进入社会的消费。"所以，文化创意产品首先是面向市场消费并以获得经济效益为目标的商品。

（三）文化基因

文化创意产品作为文化产品的重要分支，必须具备文化内涵和文化功能，反映当下的文化生活。在满足市场需要的同时，也需要时刻注重促进和提高人的思想境界，改善人的精神状态，培育人的道德情操。

二、文化创意产品的特征

（一）独特性与超越性

世界创意产业之父、英国经济学家约翰·霍金斯对"创意"的阐述是："创意可以被简单定义为'有新点子'。有四个标准来衡量一个新创意：它必须是个人的、独创的、有意义的和有用的。"文化创意产品由于其本质的追求是"破旧立新"，其属于创造性的产出，独特性和超越性是文化创意产品追求的重要品质。

（二）教育性与公益性

文化创意产品具有双重属性，即商品属性和精神属性，同时也就决定了文化创意产品在创作和生产过程中必须追求经济效益与社会效益的统一。面对市场，不得不追求经济效益，但作为文化产品又需要发挥文化对社会的服务作用，必须提供积极的精神导向，创造良好的社会效益。设计师要善于通过提炼文化元素并以符合年轻人审美的表现形式重组文化藏品，以新颖、独特的形式来开启年轻人对于历史与文物的兴趣。文化创意产品既是消费品也是文化教育的载体，拓宽了对大众教育的方式方法。

（三）民族性

一个民族生活方式和风格的特质，能够在他们所生产的各种文化商品总体中体现出来。每个民族都有他们自己特殊的历史，因此每一种生活方式都是独特的。各国的文化创意者都在试图提炼和创造代表本国的创意文化，以吸引其他国家人群的认同，达到价值观渗透和经济获利的目的。在此背景下，文化创意产品被赋予了强烈的民族性来呼唤新一代人群对本国文化的认同感和归属感。

（四）系列性与延续性

不同于一般文化产品通常以个体形式出现，文化创意产品大多以某主题为表现内涵并以群体或系列的形式出现在大众视野。这种呈现方式主要是因为当代文化创意产品的设计大多依附于某一地域性特色主题（如北京故宫等）或某一娱乐时尚IP（如迪士尼等）进行开发设计。由于被开发的文化主体本身体量庞大，文化因子繁多，无法对其中的某一内容进行单独呈现。另外，因为文化创意产品的核心是创意，而创意具有时效性，消费者的兴趣很难得以长时间保存。为了使文化创意产品得以利益最大化，这也就要求文化创意产品需要通过不断在同一主题上创造新产品留住消费者的关注度并增强消费者的记忆点。因此，进行文化创意产品开发必须有对未来的考虑，缺乏前瞻性和延续性的文化创意产品开发是没有生命力的。

第三节　文化创意产品设计方法

内涵丰富的文化产品可使人在消费的同时提升对本民族文化的认识。民族文化创意产品作为文化创意产业的形态表现和文化衍生产品，对民族文化的继承与发展可起到促进作用，为民族地区社会、经济、文化的和谐发展提供新思路。

一、民族文化创意产品的特点

第一，特有性。民族文化创意产品能够把各民族特有的风土人情、文化艺术形态等表现出来，通过产品的形式加以体现，具有民族特有性。

第二，传播性。民族文化创意产品是具有流通性的，在流通的过程中可以把民族文化及其精神内涵传播出去。民族文化创意产品变成了民族文化呈现和流通的载体，民族文化和民族精神可以得到有效传播。

第三，带动性。优秀的民族文化创意产品会产生非常高的关注度，通过以点带面，会给区域带来一定的关注度。这些关注度往往会产生积极的影响，带动地区相关制造业、文化产业等的共同发展，从而也能带动地区经济，提升社会影响力，体现出良好的带动性。

第四，传承性。民族文化创意产品具有一个非常重要的属性就是传承性，它是民族文化传承的具象表现，也是民族文化活态传承的具体表现，能够为民族物质和非物质文化遗产的传承带来新的思路和新的路径。

二、影响民族文化创意产品发展的主要因素

（一）经济价值层面

影响民族文化创意产品需求量的重要因素之一就是经济价值。随着中国多年来的经济发展，文化创意产业也得到了快速发展。民族文化创意产品是地区的文化载体，多样性的民族特色文化产品更能吸引消费者的目光，其经济价值不可估量。民族文化创意产品带有浓郁的地域文化和民族韵味，溯本求源，一定会提升大众对民族文化的认可，快速提升民族文化的经济价值。

（二）社会价值层面

民族文化创意产品能够提升大众对民族文化的认知水平，起到宣传教育的积极作用，增强社会大众对民族文化的认同感，提升地区社会大众的凝聚力。其主要原因是民族创意文化产品蕴含艺术性，艺术来源于生活，它体现了区域民族文化的精神内涵，能够很好地宣传民族文化精神与灵魂。民族文化创意产品的流通和销售，还能起到宣传教育的积极作用，很好地体现社会价值。

（三）文化价值层面

民族文化创意产品具有非常高的艺术价值和美学价值，它在创作过程中往往提炼并吸收了民族绘画、民族服装、民族文字以及民族宗教等民族文化元素和文化内涵。它不仅仅是一种物质形式上的表现，还具有非常高的文化价值，是民族文化推广的重要载体。

（四）历史价值层面

民族历史文化需要传承，民族文化创意产品是文化传承的活态表现。民族文化在历史演变历程中沉淀了许多精髓，它们有不同的表现形式，包括特色建筑和风俗习惯等，都是人们对历史传承的表达，是对各个时期经济、文化、社会等方面进行深入考察研究的载体，也是特定地区历史发展的见证。民族文化创意产品将这些民族历史文化通过活态传承的方式保存下来。

（五）情感价值层面

历史在变化，时代在改变，人们的需求也在发生改变，虽然过去的一些产品慢慢从市场上消失，但是还会保留在人们的记忆中。民族文化创意产品就是要去挖掘民族文化精髓和情感记忆中的美好故事，不仅要体现它的实用功能，而且要满足大众的情感需求和审美要求，传递民族特色的文化情感。

三、民族文化创意产品设计的构成因素

（一）产品功能

产品的功能是产品得以存在的价值基础，是满足人们需求的基本要求。每一件产品都有不同的功能，人们在使用产品的过程中可以获得需求满足。设计师一定要看到人们长远的社会需求，这样设计出来的产品才会带来更大的经济效益和社会效益，这就是产品功能的实现。产品功能又划分为使用功能和审美功能（也可以称为精神需求功能），它利用产品的特有形态或者视觉外观来表达产品的价值取向以及不同的美学特征，让使用者从内心情感上与产品达到共鸣，从而满足使用者的精神需求，同时也体现出产品的实际使用价值。

（二）产品形态

产品形态，是指利用美学法则通过设计制造出满足顾客需求的外观和形态。除了要遵循美学法则，还要考虑到恰当运用材料，注意产品的结构、造型、色彩、加工工艺等，全面体现出产品的特性和最优的形态。因为产品是提供给人使用的，所以产品设计还要符合人体工学，满足人们生活工作的需要，最终通过合理化的物化形态体现出来。

(三) 物质技术条件

物质技术条件包括材料、结构、设备、制造工艺和生产技术等重要内容。新材料的运用改进了产品结构，使工业产品更加实用。新的加工工艺的运用，能更好地体现材料的质感。产品的造型设计需要物质技术条件的支撑才能体现出时代的科技成果以及时代美感，也才能体现出产品的艺术性、科学性、时代性和先进性。

四、民族文化创意产品设计的流程和方法

(一) 提炼文化内涵

产品的文化内涵有两个显著要点，即传统造型元素应用和传统生活方式的继承。它包括物质生活方面、社会生活方面和精神生活方面，其核心部分是传统观念。民族文化创意产品在吸收传统文化的精髓后，能够找到传统与现代结合的契合点，能够使传统文化融入现代的生活中。因此提炼产品的文化内涵，也是对民族文化活态传承的体现之一。

(二) 明确设计理念

设计师在创作过程中一般要有明确的主导思想，确定产品的文化内涵、思想核心，赋予设计作品新的文化思想和独特的表现风格。好的设计理念能令作品更加个性化，是设计的精髓所在。设计师可以通过头脑风暴的方式去提炼设计理念，进行发散思维，联想一切文化元素，包括客户喜好、职业特征、文化层次等特点，再对头脑风暴得到的关键词进行整理筛选，选出有价值、有意义的创新点和创意点进行设计。

(三) 思考设计载体

将设计理念或者创新点运用到合适的载体上，赋予产品内在的含义，是一个外现的过程。在人类发展过程中，人类对工具和材料的认知不断累积和发展，石材、木材、金属等材料都在人类发展史中起着关键作用。如今在科技发展和社会职能属性区分下，文化创意产品在类别上形成了以下几个大方向：文具用品、生活用品、电子产品、文娱产品。这些文化载体十分广泛，是活态传承的突破点，将设计理念或者创新点运用到合适的载体上，能让民族文化活态传承找到发展的合适平台。

(四) 提炼实施设计

设计师要敢于创新和尝试，通过创新提炼、完善细节、设计效果图、制作样品、

投入生产等一系列程序完成产品的设计、生产。在这个过程中，设计的作品要有独特的构思，要采用市场化的视角，通过原型分解、打散再构、异形同构等设计手法进行创新，将抽象的民族文化资源提炼和概括成外形独特、色彩鲜明、工艺创新、设计风格迥异的产品，既满足大众多样化消费需求又避免陈规俗套。

民族文化需要活态传承，民族文化创意产品需要创新和发展。我国民族文化创意产品设计开发仍然存在诸多不足和缺陷，如对民族文化内涵了解不够深刻，加工工艺质量、科技含量不高，产品附加值较低。将民族文化活态传承与创意产业有效结合，深挖民族传统文化内涵，优化产业结构，以特色文化创意产品带动产业的发展，传承民族文化，创造经济价值，这是民族文化创意产品现阶段发展所要攻克的问题。

第四节 文化创意产品设计研究的发展与现状

文化创意产品以具体的物质产品为载体，蕴含着产品本质的精神价值和文化、商业价值。文化创意产品的基本特征包含了文化价值和经济价值特征。文化价值特征即文化创意产品所呈现给消费者的产品文化、地域文化、民俗文化、民族文化、宗教文化、历史文化等。例如，关于文化创意产品的内容，设计师可以通过现代创新手法对历史文化资源进行整合设计，使文化创意在具备实用性的同时普及文化知识。经济价值特征表现在具有高度文化价值的文化创意产品可以转化为经济的产物，文化带来的附加值使产品具有更高的经济价值，也通过不断的产品创新衍生多元化的产业链条。

一、文化创意产品的发展历程

"文化创意产业"的概念是由霍金斯在2001年最早提出来的，在此之前，中国虽然已经开始了"文化创意产业"征程但是并未确定名称，人们对文化创意产业的重要性关注较少。随着时代的发展，从近5年开始，人们才从整个大环境中认识到文创的重要性，并在全国范围内进行推广。纵观文化创意产品的发展历程，中国从很早就已经开始。大约从1950开始，我国就有很多精美的工艺产品输出海外市场，而那些代表中国传统文化的艺术品的世界贸易成为我国换取外汇的重要方式。如果再向前追溯至元朝，宫廷要求景德镇窑厂烧造大批量供出口的瓷器，就体现了文化创意产品设计的内涵。可以说，中国以其深厚的文化底蕴做积淀，有十分悠久的文化创意产品设计经验和经历。诸多丰富的文化元素都是文化创意产品的设计来源，在文化创意产品的设计领域，具有五千年底蕴的中国拥有无限的探索和设计空间。

二、现代文化创意产品设计的现状及措施

(一) 中国文化创意产品的现状

中国的文化创意产品正处于蓬勃发展的探索阶段,在这个过程中也出现了一些问题。例如,并没有形成良好的秩序和规范、文化创意产品缺乏平台和渠道等;一些文创相关领域的工作者在面对最新的科研技术、最新的市场变化、最新的传播环境时难以及时跟进,从而设计的作品呈现滞后古板的情况。追本溯源,文化创意产品的良性发展,不仅需要产品的质量创意,还需要合理的平台与渠道的支撑。

(二) 中国文化创意产品设计存在的问题和措施

目前,中国文化创意产品设计正处于上升阶段,国家发布的众多扶持政策激发了众多文艺工作者对文化创意产品的热情,同时也吸引了很多从其他行业跨界而来的工作者。但是通过对文化创意产品内涵的了解,我们可以知道:首先,文化创意产品的设计并不是简单的外观造型设计,它涉及众多领域,具体包含了设计者对产品质量的管理、对审美要求的把握、对品牌效应的传播、对服务和创新人才的塑造、对创新环境的营造,以及对产业链等深层次问题的思考等。这就需要加强平台的合作,在对资源有效整合的同时,加大对人才进行相关领域的培训力度。其次,现如今全球的环境问题日趋严峻,文化创意产品设计人员应该更加注重生态理念、可持续发展理念,广泛开展绿色理念下的生态化设计创新,将科技、人文、绿色三大理念融入设计思维,开发和推广文化创意产品,进一步促进节约能源资源和生态环境的可持续性发展。再次,文化创意产品具备很高的经济价值,而带来经济价值的重要因素之一就是品牌的力量。目前市场上的文化创意产品缺乏个性化的标签,这就需要在设计过程中以文化为核心资源,树立消费认知,构建文化专属品牌产品即文化衍生产品,形成文化品牌,提升文化创意产品的影响力和生命力。最后,中国的文化创意产品要想在世界领域实现可持续发展,甚至引领文化与创新的潮流,就需要以民族文化元素和非物质文化遗产资源为根基,以其独特性、传播性和带动性为动力,以高超的设计手段、敏锐的洞察能力和较高的设计品位来推动文创产业的发展。

文化创意产品设计以文化为基础,中国上千年历史的沉淀汇聚成的文化宝库是设计者创意灵感取之不竭的源泉。纵观我国文化创意产业的发展历程,曾经拥有良好的传统和探索实践,只要立足国情,更新观念,合力解决现阶段发展的问题,相信在文化创意产品的设计领域,中国有更为巨大的发展和探索空间。

第四章　各艺术元素在文创产品中的应用

第一节　插画艺术在文创产品中的应用

随着经济的发展和政策的鼓励，文创产品早已成为与消费者进行文化信息互动的重要桥梁。插画是一种图像表达艺术，在文化沟通中，插画作为传输信息的核心元素扮演着重要角色，可以更好地展现产品的内涵和风貌。在传递信息时，可以对文创产品进行多元化、系统化的策划与设计。因此，插画艺术在文创产品设计中的应用前景很广阔。

中国经济的快速发展，使得民众追求更高品质的精神文化生活。就我国文创产业发展现状而言，不少以插画艺术为主题策划与设计的文创产品受到消费者的追捧。故宫博物院推出的系列胶带——仙鹤胶带，其设计灵感来源于故宫博物院馆藏珍品"宝蓝色锻绣云鹤纹洽便袍"，仙气十足。此胶带吸引了很多消费者前去购买，经常供不应求。

丰富多姿的文化产业给人民群众的生活带来了翻天覆地的变化。首先是经济收入的增加，改善了民生；其次给人民群众带来了丰富的业余生活，改善了人民群众的精神面貌，带来了良好的文化层次的提升。由于目前相关政策还不够完善，许多创意设计中缺少代表性的文化内涵或民族特色，部分文创产品雷同，不注重创新，同质化、表面化较严重，并不能深入其文化本质，导致无法与受众生活相关联。在这些新兴产业中，动画和漫画两个文化产业政府比较注重，然而它们发展却很滞后。

一、插画概念

插画，大众的印象就是在杂志、报纸或者某类书籍里面的插图，它的作用是为了达成更好更直观的视觉效果，补充语言所无法描述清楚的缺陷，以提高语言类文字在宣传中传达的意义。插画存在历史久远，从人类历史上最早的插画——"岩洞画"开始，到基督教诞生后天主教堂上的挂画，再到经历工业革命后欧洲出现装饰运动的杂志与商业海报设计，到后期出现在美国写实派插画的一些经典人物形象，都诉说着插画的蓬勃发展与强烈的时代性特征。但这只是传统意义上的插画作为文学艺术所担任的一种附加角色。这一传统特点突出表现在当代中国，有关插画的载体，绝大部分是属于书籍出版范畴的。

如今，插画所代表的意义和作用在不停地延伸和扩大。比如，在人们日常使用的生活用品中，插画使它们变得更加有趣、灵动、多元化。在这种日益求新的心理作用驱使下，插画必然承载了更多的作用和各色各样的表达方式。特别是现如今它又与文化创意产业存在深切的产业关系。

二、插画给文创设计带来的优势

（一）增强文创产品的信息性

在文创产品中所能传达的信息数据量是非常有限的，如果想要更精准地表达产品想传递的信息和情感，就只能精妙地将语言、图形和色彩应用到创意中，这就是插画的意义所在。插画的存在杜绝了因文字描述不够精确造成的信息错误，如西西弗书店（SISYPHE）整体的定位是：引导读者受众精品阅读，提高受众的精神生活。所以无论是视觉导向应用系统还是其插画设计都与精致精神生活相统一。西西弗书店的欧式橱窗空间造型以深绿为主色调，红与黑为辅色调的整体色彩结合产生的焦距感，极具特色，营造出浓厚的阅读氛围。在新年会员卡的插画设计中，运用喜庆又符合整体定位的深红色和庆祝新年的手绘相结合，包装盒添加西西弗行店的主打语：阅读的力量。给消费者以读书摄取知识要永无止境的心理感受，在这种情怀中不自觉地产生消费心理，这也是西西弗书店开店第一年就盈利的一大原因。

（二）突出文创产品的情感性

文化创意产品的特点在于可以迅速达到受众的内心，立刻引起情感的共通点，从而深入内心，记住这个产品，在情感上接受此文创产品。插画与文创产品结合有更好的契合点，文创设计中有了插画的画龙点睛，更能提升文创产品的视觉效果，增添产品的情感性。

（三）增强文创产品的民族性

在当今国际社会生产力空前发展的社会背景下，文化创意商品的形态和质量决定了这个商品是否能够在众多的商品中成功地吸引消费者，这是重点。要想达成这个目的，就要从历史文化底蕴上进行提升，把优秀的历史文化艺术跟商品的特点进行糅合，完美地展现出来。重新开馆的湖南省博物馆，不论是在馆内整体设计上，还是在其所出售的产品上，都突出了其民族文化性。博物馆销售的文创产品绘制了西汉引导图插画，将古人锻炼身体的运动图形和产品贴合，造就了点线面之间的节奏均衡的造型美。文化艺术在我国的历史源远流长，把它巧妙地运用到创意商品的设计中，可以呈现出标新立异的文化品位。

三、插画在文创设计中的应用原则

插画作为一种表现手段应用于文创设计中，可使文创产业更好地开拓市场，推广其文化意义。想更好地传递文化信息，就离不开插画的宣传运用，必须加强两者之间的结合。

（一）插画应对文化信息进行一定的筛选总结

文创产业在现代商业化的流通和销售过程中，要向大众传递它的文化信息。不管是其品牌信息还是想要表达的主题思想，一般需要通过图画、语言、颜色等创意点，把产品展现出来。在"猫的天空之城"概念书店中，其文化创意产品就重点突出"猫"这个文化图形。之所以突出猫，这里面还有一个温馨的故事：消费者来"猫空"，问老板娘为什么会起这个名字，老板娘很不好意思"其实很简单，我和我先生当年最喜欢的一部片子就是《天空之城》，然后先生问我喜欢什么，我说猫啊，然后取名'猫的天空之城'，为我开了这家店。"所以"猫"就变成了这个概念书店的代表性语言。

书店结合猫的各类插画及其他视觉元素，让书店有了更自由多样的灵感创作空间。同时它抓住人类亲近动物的策划点，将宠物猫散养在店内作为宣传点来为它的文创品牌打广告，就是这慵懒可爱的猫的形象，使人们一下子记住了这个地方。

在策划的产品中因为文化信息传递限制，人们所能看到的信息也是很狭隘的，这就对创意者提出了更高的要求，必须在有限的时间、空间，快速、精准抓住产品的灵魂，向观众传递直击心灵的视觉刺激。例如，笔者在"猫的天空之城"概念书店所购买的苏州手绘旅行地图，它以手绘插画的形式把地图的主题信息表达清楚的同时，将"猫空"的"猫"与"空"巧妙地构成在地图之上，让人怀着轻松愉悦的心情在地图中游走，感受别样的苏州。

（二）运用插画对文化进行更全面的创新

插画与文创设计的完美互补，给予了策划者更广阔的思路，策划者能够更加自由，更加随心地设计风格多变、丰富多彩的作品。插画在文创设计中的应用，拓宽了文化的传达形式。文化创意的变化是紧跟人民群众的经济能力而不断改变的，需要符合大众的审美和情感需求。

完美插画艺术的设计里,不仅要有丰厚的文化底蕴,浓重的历史色彩,还需要有新颖的创意,强烈的时尚感。例如:大英博物馆的木乃伊棺椁造型铅笔盒,将铅笔盒与棺椁相结合,上面绘制古埃及木乃伊插画造型,让受众在打开铅笔盒的时候有种庄严的神圣感。虽说是棺椁,却一点儿都不阴沉,仿佛袖珍的古埃及法老的木乃伊就躺在这棺椁里面。正是这种别具风情的自由创作,赋予了这个创意商品的别致形象,深入人心。插画艺术多样化的形式,为艺术信息的传递锦上添花。文化产品在插画艺术的包装和策划中,更好地展现了产品的特性,补充了设计者想表达的意思,使表达更为精准、活泼。

我国传统图案博大精深,人物画、花鸟画等,无一不具备独特的意境魅力。现代文创设计可以学习大英博物馆的方法,从中国传统元素图案中吸收灵感,设计出具有创意又贴合产品的文化创意产品。如果想要设计出更能迎合大众消费心理的作品,首先必须对传统的历史背景有较为详尽的了解和认知,可以避免单一思想的窘迫境地。我们国家一直以来都有着历史悠久的文化传统和各种民间典故,在运用时,不要照样学样,必须深层地研究剖析其所表达的情感、意义和传递的精神意义,经过创新修改后,赋予一个新的立意,来展现丰厚的文化底蕴。

(三) 运用插画时准确地把握其文化定位

插画从策划设计者的主观情感以及人民群众的接受方面来展示产品的创意、灵感,能够直击人心。在文化产业的应用中,插画简洁的图画色彩、现代感十足的方式更加能够迎合群众的心理,可以引领群众的意识,能够形成文化形象,创造一个为群众熟识的文化效应。精准的插画不仅增强了文创内部各产品之间的文化意识,以保证在市场竞争中的优势,而且为市场提供了更多可选择的创意文创产品,进而增强竞争力。例如:故宫文创产品,将故宫中契合的故事和人物以插画的方式进行重新构造,使其夸张化、拟人化等,不仅产生了自己的文创文化定位,更扩大宣传面,吸引了购买力。故宫院长单霁翔说过:"一座博物馆,并不在于它有多么雄伟的馆舍,也不在于它有多么多的藏品,甚至不在于它有多少观众,而是在于它怎样进入公众生活。"故宫渐渐地摒弃了一直以来暮气沉沉的样貌,演绎着青春洋溢、充满活力的传统文化的带头人。在故宫的文化创意品牌中,不乏各种有特色,而且很有意义的传统与现代时尚相结合的产品。

近年来,故宫旅游纪念品在网络上大卖,成为搜索热点。这些传统文化旅游纪念品就是借助了故宫悠久深厚的历史文化特点,又结合现代的时尚设计与实用性,才成功吸引了大众的眼球,促成了热销。这些产品的精神意义在于它传递的文化、展现的精神,因此,要把文化的精髓融入设计策划的产品中,才能还原产品的灵魂所在。

插画元素是创作策划过程中的一个不可缺少的关键形式,创作的基本意义在于不断创新。文创本身的意义,就是让受众更加理解文化。插画能促成不同文化、不同创意的重组、提升、合作。文化产品以插画为元素不断地演变、求新,运用它的创意产物设计、规划作为起点,促进产业重组,合作发展,推进文化类的产业聚集。对于文创产业来说,也算是增加了一项继承文化的方法。在目前的社会生活应用中,将插画以合理的方式与创意产品整合、创造、加工、传播、应用,是促进产业集中,发扬优良文化传统的方式之一,必将提高中华民族的精神面貌,对国家、社会都将产生深远的影响。

第二节　剪纸艺术在文创产品中的应用

伴随着剪纸艺术的不断进步,在我们的生活中剪纸艺术被越来越广泛地应用。另外,剪纸艺术还被大量使用到文化创意产品的设计中。传统的剪纸艺术和现代设计可以相互融合,对剪纸进行全面分析和抽象的意义,可以增强现代设计的艺术性。还有将剪纸艺术应用于文化创意性的设计中对剪纸艺术强化时代特性,体现剪纸艺术的特点,促进剪纸艺术的发展是具有促进性的。

文创产品是如今文化消费的重要组成部分。文创设计通过与剪纸的融合,对文创设计可行性进行了分析。在无数的新兴元素中,许多设计师逐渐发现传统剪纸元素的重要性,他们不仅在传统剪纸艺术中寻找设计元素,更要从不同的角度分析和观察,在剪纸里有一些抽象意义的设计概念和心理状态进行了变动。另外,他们还可以巧妙地结合出这种抽象的、主观的概念,能够巧妙地结合剪纸元素和文创的产品设计。因此,可以与剪纸元素不同于其他产品,体现出独特的时尚性和时代感。

现代艺术设计体现了自己独有的特色和传统的艺术思想。因为民族性也是世界的,所以要把它融入现代艺术中。传统剪纸作为现有的文化形态,独特的形态剪纸由艺术构成,正是现代艺术设计要继承和发扬的。各地方文化和旅游相关产业相互连接,我们的现代文化创意产业需要民族性,这样的民族性来源是我们的传统文化。

一、剪纸和文创产品的发展现状

(一) 文创设计发展的现状

随着社会经济的发展,文化创意产品消费的不断提高为商业创造了巨大的价值。例如:王府井虽然是北京的有名的商业街,但是来这游玩的人们不仅是吃美食,买衣服,还被上万件不同特色的文创产品所吸引,设计者将王府井饭店标志采用几何图形构成,以中国"方胜盘长"吉祥图为基本形状，经变化构成上下左右对称的正方形，有秩序地进行穿插，表现出了王府井饭店的规范管理、优秀服务的含义。剪纸图形的背后蕴含着对幸福生活和如意吉祥的祈求。文创图形的展现不仅给王府井饭店创造了很好的经济效益，与此同时也树立了饭店规范的管理形象，更借此来传播我国的民间剪纸的历史文化。现代化的设计理念的运用，为剪纸艺术创造出了更广阔的发展空间。

随着互联网行业的日益发展，互联网对文化创意产品的影响越来越广泛。通过互联网，消费者足不出户就可以选购到自己喜欢的产品，这也让文创产品的销售不限制于地区，有了更好的销路和广阔的市场。在设计专业学生和设计师的积极参与配合，不断努力下，想象的空间被无限放大，随着各种有趣的创意点，促进了开发和实现产品的设计进行了设计改革。在各地政府的支持下，文创产品进行交易，文创产品创造新的展示平台和销售空间，为人民群众的行业生活提升了审美观，提升了生活的品质，促进了文化消费事业的发展。

（二）传统民间剪纸的发展现状

剪纸是我国最普通并且是最普遍的民间传统装饰艺术之一。早期没有出现剪纸之前，人们就用雕、刻、剪等方法在金箔、皮革，甚至树叶上雕刻出各种各样的图案，经过社会的发展和时代的变迁，剪纸艺术以它特有的形态存在于人们的日常生活中，民间剪纸是展现人们美好生活的一种艺术手段，也是表达我们内心情感的一种方式，可以根据自己的喜好和情感在剪纸中进行表达和传递。如今，随着社会的发展，剪纸艺术以各种各样的形式和独特的艺术魅力存在于在我们的生活中，无论是在旅游业、建筑业，还是服装业，都能看见剪纸艺术的身影，在世界文化中展现了独特的生命力。传统的剪纸可以与现代文化相结合，传统的纹样与现代化的多重元素交叉排列进行重组、排列，更好地体现剪纸在民间的魅力；将剪纸文化普及化让人们更好地发挥自己的想象，创新剪纸的新价值，更好地传递剪纸给人们带来的魅力文化，和文化相互的沟通。在现代的设计中，可以更好地打造出现代剪纸艺术作品。

（三）当代剪纸与文创设计结合的必要性

任何一种艺术的存在都是以群众为基础的，如果脱离了群众，它的存在就相当于无本之木，毫无生命力，也没了它本身的意义。虽然民间剪纸艺术流行于人们的生活中的各个方面，但是也遭到了市场经济化与文化多样性的影响，使得许多的艺术传统技能濒临失传。没有继承就没有发展，我们应正确把握方向，来使我们的民族文化流传到各个地方。我国的物质遗产不是原封不动的存在，而是要融入生活，创新发展，文创设计的最大意义在于生活化，文创产品的设计理念也是围绕着中国的传统文化进行有特色的创新。当文创产品与剪纸艺术相结合时，不但丰富了设计内容与方法，也促进了设计发展，同时提高了产品价值，传承了我国剪纸艺术的历史文化。

二、剪纸元素在文创设计中的应用

（一）剪纸元素图形在文创产品中的应用

剪纸的图形有着自身的特点和形式，因此它有着非常独特的规则。剪纸的材料主要是纸张，所以剪纸具有平面的特点，它是一种观念上的造型，它的创作来源于人类思维式的审美。具有标志性的图形甚至超过语言文字所能传达信息的功能。同时，剪纸作品大多是高度的概括，人们以图形为依据，从而引发观众心理上的活动。另外，在剪纸作品中不仅能传达中华传统文化，也能传达感情的深刻意义。创作者在设计图形上也很注重剪纸的对称、重复等手法。此外，通过比较夸张的图形艺术风格，重新组成、重新刻画，并重新画出符合艺术性的要求，从而在图形刻画中传递感情。

（二）剪纸元素色彩在文创产品中的应用

消费者对产品的第一印象来源于看到产品时的视觉冲击，那么色彩则有着极强的吸引力。色彩在剪纸艺术中不仅是剪纸元素中的重要组成部分，也对体现剪纸文化有着非常大的意义。剪纸以象征性的、能够体现产品特性的色彩为主要用色，要做到整体的色彩简单而朴素。在创作过程中，创作者不会有设计很多的图形，而是选择非常鲜明的颜色来体现整体的作品。同时，作品整体色调要协调，颜色使用比例要合理。在设计文化创意产品的时候，设计师通常使用色彩对比的方法来对产品颜色进行搭配，从而为产品的主题增添了不少魅力。随着艺术事业的不断发展，设计师在利用剪纸艺术设计作品时，为了使产品更能吸引人们的眼球，根据产品的特性功能来尝试运用具有创新性的色彩来满足消费者人群的消费需求。

（三）剪纸元素技法在文创产品中的应用

剪纸元素的技法，主要是整体和镂空技法。但事实上，剪纸是能够给人视觉空透感的一种镂空艺术，它能够让一张很平常的纸在手工艺人的手中从空白变得漏出光影。因此，剪纸要在不破坏它的图形的基础上进行创作。伴随着社会的进步，剪纸被广泛用在服装制作、家具、装饰等各个地方，其工艺技术已经实现现代化。文创产品的设计师在设计各种产品的同时，很注重剪纸元素技法的运用，要展现出产品给人的整体感受，并且增加它的透视感，给人以视觉和美的享受。与此同时，在体现剪纸元素技法的同时，文创产品设计师也非常注重阴、阳刻手法的结合，在同时制作的过程中遵循着先繁后易、先主后次、先里后外的规律来增强产品的层次感和艺术视觉美感。此外，在产品设计过程中要选择耐磨性较强的材料。当今社会，随着人们环保意识的不断增强，文创产品的材料应选择没有污染的绿色环保的材料。

剪纸艺术作为我国的一种传统民间民俗文化，在我国悠久的历史发展过程中具有很深的人文底蕴，它的文化价值也越来越受重视。并且，剪纸来源于人们的实际生活，以各种各样的形式呈现，是我国文化和历史的产物，所以，剪纸艺术是我国民间展现艺术的一种形式。剪纸艺术在文创产品的设计中的应用承载着我国民间艺术文化的传播功能。在文创产品设计中融入剪纸元素，其外在的形象以图形为基础信息，并加上色彩及技法，增强产品的文化蕴含和艺术价值。在文创产品的设计中不但要注重剪纸的文化，巧妙地运用剪纸艺术，使它与产品的主题一致，还要考虑到它给人怎样的视觉上的享受。

研究剪纸艺术在文化创意产品设计中的应用，不仅是我国民间文化的一种广泛传播的新形势，而且使得产品不仅有文化也有设计感，并且对现代各种设计的发展起了积极的推动作用，也是我国文化的一种传承。

第五章　文创产品的开发设计

第一节　传统文化元素与文创产品设计

市场上文化创意产品种类繁多，各具特色。从广义的角度来说，与文化有关且被某些群体所认可的创作，均可以称为文化创意产品。狭义上则是指附带传统文化符号的商品。传统于现代设计而言，是一个包含关系——"你中有我，我中有你"。所以在现代设计中，将传统文化元素加入现代创作理念是非常有必要的，只有梳理好二者的关系，才能协调好传统文化元素符号与文化创意产品设计之间的关系。

一、传统文化元素符号的应用原则

（一）区域民族性原则

民族地区的文化传承一直以来都是一个值得深入探讨的问题。对文化创意产品的开发，能够促使区域民族文化不再成为少数民族的"私产"，对原有封闭、落后的民族地区是一种有效的激活方式。能够改变在一定的时间和空间范围内自己内部所享用，为本乡或本族的普通百姓服务的生活所需的模式，将原先的乡土性质进行提升，突破随民俗生活自然传习的惯性并打破时空的界限，作为文化创意产品被他族的人群所接受。作为"自用"功能的延伸，传统文化元素符号与文化创意产品的结合，是民族文化在"他用"中的体现，推动了文化的传播，消除了对民族地区原有认知上的"神秘感"，也孕育出文化内部新的动力和融合。文化创意产业的发展对民族地区的文化传承具有极大的推动作用，也为原有的自然发展提供了一种新的途径，民族地区的"物质产物"不再是孤立的，为服务小群体而存在的，而是以一种产业化、商品化的表现形式展示出来。而传统文化元素符号是伴随文化创意产品的发展而发展，二者属于伴生关系，相辅相成。融入具有特色的传统文化元素符号已经成为文化创意产品设计的灵魂与核心，其独特的性质及功能，也符合现今文化创意产品的设计。

（二）认知性原则

从起初的"师法自然"到"和谐共生"等思想，都体现了生命与自然之间的共性，共性的特点贯穿着文化创意产品的始终。传统文化元素要经过选用、提取、再造、组合等步骤才能应用于文化创意产品上，这个过程的首要任务是对传统文化元素符号的本身进行认知，对文化内涵进行分辨。

而这个认知关系也构成了功能与形式二者之间的平衡。二者之间的强弱关系也会如"蝴蝶效应"一般，影响人们对于文化创意产品的不同审美需求，也造就了如今极致的简约和繁复的奢华这些不同的审美态度并存的局面。

（三）审美及指示原则

1. 指示功能

传统文化元素符号在文化创意产品设计中起到了重要的作用，因为在使用传统文化元素符号的过程中势必会传递某种信息和寓意。在一定程度上，传统文化元素符号是文化创意产品的附属品。设计师将传统元素应用于文化创意产品中不仅要传递元素的信息和寓意，还要用这种"隐喻、象征"的艺术手法来加强产品及产品之间的物与物的联系。元素符号之所以能传递寓意，是因为文化创意产品本身就是一个文化符号系统，是具有表现与语言等功能的综合系统。

2. 审美情感功能

美学家克莱夫·贝尔（Clive Bell）在《艺术》一文中指出："一种艺术品的根本性质是有意味的形式。"传统元素符号作用于文化创意产品的设计中，就是一种有"意味"的设计方式，这种方式在某种程度上满足了受众的心理需求，还满足了其情感需求。另外，传统元素符号中的审美情感和艺术审美功能在某种程度上又是相同的，能够影响人的情绪，让人产生美的享受与感动。

二、传统文化元素符号在应用过程中所面临的问题

（一）"文"与"创"的不平衡

上文提到目前市面上的文化创意产品的种类繁多，表现形式也多种多样，从而也出现笔者标题上所提到的"文"与"创"的不平衡。有些文化创意产品中仅应用了"文"的含义，载体中也是在"文"这个特点上处处做"文章"，将各种类型的元素糅杂在一起，随意排布。这种表现形式从表面来看虽无瑕疵，但细品之下，"文"堆积过多的文化创意产品与"文""创"均衡的产品，就相差万里。同样，仅有"创"的产品亦是如此。

(二)"形"与"意"的不均等

传统的元素符号在应用的过程中是为了吸收它的"形",借助产品的外观来表达它具有的"意"。只注重"形"而忽视"意"或对"意"凭空想象,以及胡乱表达的产品是不合理的。而只重寓意的文化创意产品也是没有支撑点的。现在所流行的部分产品中,重寓意而轻形式的产品不在少数,相当一部分人只是单一理解产品中所表达的寓意,而放弃了对传统元素形式的追求。在对某一传统元素进行元素提取时,我们应该考虑它背后的"故事",如文化禁忌、文化搭配等。

三、解决的方式

现今的社会环境为传统元素文化符号与文化创意产业的结合提供了良好的条件,开辟出一块新的土壤,可以让传统元素文化符号在文化创意产品的设计之中寻找到一条新的路径,从而复兴优秀的传统文化。

(一)产品符号的再造

我国具有深厚的民族历史,而伴随民族历史而生的则是民族文化,浓郁的民族文化可以让我们在文化创意设计的过程中"底气十足"。乌丙安先生曾在《非物质文化遗产保护理论与方法》中谈道:"天上有多少星星,人间就有多少手艺绝活。"传统元素文化符号应用于现代产品设计中,需经过一个再造的过程,这种再造的艺术手法又分为两个方面,一是精神层面,着重指的是通过重塑心境进而对人的精神面貌和心智产生影响。二是物质层面,直接对传统本身的某些结构进行重构,形成一种新的物体。这种再造的方式,赋予了产品"生命的活力",在保护了文化元素的传统性的同时,也进行了创新,提升了产品的综合实力与特色。

(二)材质的选用

除此之外,对材质的选用也是至关重要的。在现代设计中,虽然有新技术的介入,但是运用新技术的艺术手法来替代原有的传统技艺进行文化创意产品设计,会让传统的优势变得暗淡,对传统文化符号的方向性产生极大的非议。但从另一个角度来说,新型材料也给传统工艺带来了许多创新的机会。工业化大生产的出现,并没有让传统工艺就此行将就木,反而促进了传统工艺的发展。在发展到一定程度时,事物本质会发生变化,引发人们的思考。这种变化对于我们来说,可以界定为传统与现代的交融,两者相互联系,在矛盾中产生新的作用,让原有的"枯燥无趣"转为"生动活泼"。

(三)"一物一心"即匠心

何谓工匠精神？纪晓岚曾言："心心在一艺，其艺必工；心心在一职，其职必举。"意思是如若想把自己所从事的事业做得完美，就得倾尽自己的精力，不气馁、不放弃，才能超越梦想、成就辉煌。工匠精神渗透生活与生产，以及设计中的每一个环节，并且形成了所独有的文化及精神内涵。而在文化创意产品设计中，工匠精神的呈现在于对文化创意产品的外观设计精益求精，对文化创意产品的附属品传统元素的提取后精雕细琢。每个时代都有独特的追求，但工匠精神的"精益求精，精雕细琢"的理念一直是不变的。

"创新"一词是指对材料、工艺、造型等要素的全新探索，是对文化创意产品的一次"革命"。抱着对传统文化信仰的坚守及背后承载的文化与精神的敬畏和传承之心，出现了"创新"。但真正的工匠精神，又是慎谈创新的。对于传统的认知和坚守越深入，对于创新的理解和探索也就越慎重。每个时代都存在不同程度的属于自己的"创新"风格样式。这种"创新"，一定是植根于传统与现实需求的"摹古酌今"。

传统文化元素符号的本身是一个不断变化的过程，我们对传统、吸收传统也需要用辩证的眼光去看待，并不是所有的传统元素符号，都是可取的或可被利用的。对于这些传统文化的至宝，作为现代继承者的我们，应该辩证看待传统元素符号，取其精华、去其糟粕。将传统进行剥离，取用可行之物，应用于文化创意产品设计之中，才是正确对待传统、尊重传统，而不是单纯地将传统文化元素进行罗列、扭曲。

第二节 多感官体验与文化创意产品设计

一、视觉感官设计应用

相关调查显示，在五种感觉中，视觉产生的感受比例为37%，居于首位。因此，一个好的文化创意产品首先应该在视觉形象上抓住消费者的眼球，这样人们才有可能进一步了解它，感受其更深层次的丰富体验。视觉中包含色彩和造型两大主要内容。

(一)视觉色彩的应用

色彩作为无声的有力力量，能够潜移默化地影响人们的心理，不同的色彩搭配会传达出不同的情感思想。

(二) 视觉造型的应用

造型形态是文化创意产品设计的重点之一，通过精准的形态塑造、生动的线条形式，对消费者产生强烈的视觉冲击，并带来舒适的视觉体验。以2008年北京奥运会五福娃为例，五个吉祥物均采用圆弧线作为基础造型单位，将各具寓意的装饰图案作为头饰，在和谐统一中又不缺失各自鲜明的特点，五个福娃的造型与所要表达的意象达到了视觉上的统一，形成了一个整体，满足了受众对于系列吉祥物整体感知的需要。所以文化创意产品设计应遵循一定的完形规则，受众将产品各个造型看作一个整体。各部分的造型要素要符合受众的期待，使造型所呈现的创意得到完整、全面、有层次的解读。

二、听觉感官设计应用

视觉感官体验在消费者购买商品时占据着主导地位，但相关研究表明，听觉感官同样具有重要的影响，所占比例达41%。换言之，在色彩之外，人们对美妙或是响亮的声音也会加以留意。然而，目前国内的包装市场仍集中在视觉感官设计上。因此，如何充分利用听觉的感官特性、增加感官刺激，使人们对产品的体验更加深刻，是文化创意产品设计中值得思考的重要问题。

（一）听觉包装

听觉包装可以是产品附加的背景音、简短的宣传语，或是使用过程中发出的特殊音效，它们的作用通常是加深人们对该产品的认知与印象。这类包装方式多存在于儿童玩具和部分电子产品中：儿童对新鲜事物充满好奇心，在儿童电子乐器上常会有各式按钮，在按下时发出有趣的旋律。

此外，听觉包装也可以是通过产品本身结构的设计或特制材料的运用，使其具有独特的音效，并以此形成品牌独有的听觉识别元素。例如，旋开可乐瓶时，由于碳酸饮料的特性，气体涌出瓶外发出的"嘛"的声音已经成为独有的一种听觉识别元素。又如，用特种纸张印制的书籍，在翻页时会发出较大的声响，以此吸引读者的注意力等。

（二）视觉与听觉相结合

当产品的造型与包装已经达到良好的视觉效果时，通过材料、结构的进一步细化，让用户在使用时，产品发出高质量、舒适的声音，给予使用者不同的感官体验。在"未来折叠：今日未来"展里有这样一个名为《红山实验2.0》的展品，将大地的脉动形态投影到展馆中央的球体上，同时又与声波变化相结合，使参观者身临其境，切身感受整个过程的跌宕起伏。相较于纯视觉传达，这种沉浸式的体验能给予人们更多的满足感，同样也适用于产品与包装的设计。这是一种更能满足消费需求的设计趋势。

三、触觉感官设计应用

在五种感官体验中，触觉体验所占的比例相对较小，为25%。触觉感官影响力较小的一部分原因是需要实际接触产品才能产生，但其依然是使用体验中的重要一环。

（一）触觉包装

触觉包装主要与材料的质感、纹路、肌理、软硬度以及整体造型等相联系。所有的物品都有特定的构成方式，而不同的材料与造型会给人们完全不同的触觉感官体验。随着科技的发展，包装的形式已经不仅仅局限于使用传统的工业材料，许多新型材料被陆续运用到产品包装上。比如，目前市面上许多家电外壳开始尝试运用布面、木头纹理的表面材料，这增强了外观的多样性，也给予使用者更多的选择。

（二）视觉与触觉结合

材料的各种属性及产品包装的造型是可视的。例如，酒瓶是磨砂的，还是光滑的；收音机是棱角分明的，还是圆润的。首先会给予人们视觉上的不同体验，接触它们的时候又能刺激触觉上的感知，二者共同影响，加深使用者对这个产品的印象。例如，布面、木头纹理给人更加柔和而温暖的视觉效果，在触摸时也没有金属那样冰冷的感觉。因此在设计过程中，可以同时考虑这两种感官体验特点，让使用体验更加多元化。

四、嗅觉感官设计应用

气味是一种比视觉画面更有张力的记忆形式，并且比视觉记忆停留更久。气味不仅能营造氛围，而且气味的再现能调动用户的嗅觉感受，使用户很快回想起过去的特定场景，引起用户的情感共鸣。利用嗅觉感官可以建立起气味和品牌、文化之间的联系，让文化创意产品带给用户更深刻的体验。

（一）现有的嗅觉运用方式

直接运用到嗅觉感官的一类文化创意产品是香氛类产品，液体香氛、固态燃烧香等产品本身带有气味，气味就是该类文化创意产品的主体。另一类是本身无气味，但通过熏香加上与产品同主题气味的产品。例如，在古风类文化创意产品熏以古朴的东方木质香，通过这种气味和古风意向的关联带给用户深刻的体验。同样，以日本书店

MUJIBOOKS 为例，它和其他门店一样，努力传达"生活美学"的概念。在书店中，香氛机始终工作，释放自然精油香气，同时在用户购买的产品中也会萦绕这种气味，这种气味的体验以一种不张扬的方式将文化、价值观传递给用户，并且具有较长的持续时间。

（二）嗅觉在文化创意产品中运用的未来展望

日本已经研制出一种能够记录及复制各种味道的仪器，可以做到再现玫瑰的馥郁、香蕉的甜腻，甚至各类刺鼻气味。这为文化创意产品中大量运用嗅觉元素提供了可能。通过气味监控、气味制造、结合 APP 和留香材料，相信在 5～10 年内，气味记忆将和现在的摄影留念一样，不同特色的气味可以被保留，可以在朋友之间传递，可以与更多的人分享，成为一种流行的保留回忆方式。利用嗅觉相关技术的文化创意产品将具有更强的传递文化、分享城市印象的功能性。

五、味觉在文化创意产品中的应用

味觉主要在食品类文化创意产品中出现，在一些前沿的食品包装设计中，用视觉插画或是特制材料体现食物口感，已经是一种成熟的多感官运用方式。

圆润的食品包装会让人联想到柔和的口感，棱角分明的包装则与刺激的口感匹配；低饱和度的颜色对应清淡的口味，鲜艳明亮的颜色则对应浓郁的口味，这是长期以来人们习惯的、下意识的预期联想。这种视觉和味觉上的对应可以应用于文化创意产品营销，因为大多数人认为图形比文字更直观，当用视觉形象做包装来表现文化创意产品口感时，会比文字描述更引人注目，更容易吸引消费者，给其留下深刻印象。

此外，味觉记忆能将进食行为与周围的物质环境形成相对稳定的意象联系，将味觉纳入文化创意产品设计能将个体生命记忆纳入社群记忆（城市文化、印象、价值观）之中，给消费者更深刻的体验。

城市文化创意产品产生的目的主要是传递城市文化，增强用户的记忆和情感体验，而多感官文化创意产品的核心竞争力在于"体验感"。充分调动"五感"的产品，能和用户本身有更多物理互动和情感交流，比单一感官的产品更具趣味性和人文关怀，是市场的大势所趋。

第三节　色彩文化与文化创意产品

色彩是人类探索世界、认识世界的一个独特窗口，是绘画、设计和审美的重要因素之一。早在河姆渡时期与仰韶时期，我们的祖先就开始使用植物与矿物的颜色来记录他们的生活。从人类文明史中可以发现，任何一种心理模式的出现都源于一种文化根源。生活中的一些色彩现象折射出丰富的文化意味，形成了独特的色彩文化系统。中华文明源远流长，传统色彩文化熠熠生辉，宝贵的色彩文化资源对现代文化创意产品的设计研究具有重要的现实意义。

一、融入中国传统文化思想的色彩观

人类对色彩的感知是多维度的，主要通过人体的视觉系统、色彩的文字意义，以及一些物理现象来认识与重构色彩。中国传统色彩源远流长，从原始先民们的单色崇拜，到开始使用石绿、朱砂等，至虞舜时期五色体系的形成，中国人民的色彩审美在漫长的民族文明中不断演进。中国古人对色彩的使用具有精神性，中国对于色彩的认识基于感觉系统，是一种文化性阐释。在中国传统文化中，将"色彩"与"物体""方位""动物""季节"进行直接的指代，产生某种颜色可以代替某种形象的文化概念，这是中国传统色彩观念的语言性体现。这充分说明，中国人的色彩审美精神性极高，不仅是空间、时间等因素结合的产物，更是追求情感、时空、物质之间关系的表现。

中国传统色彩观念富有浓郁的封建情结，李广元曾在《东方色彩研究》一书中指出，自封建社会确立之后，色彩的本性便失去了原始色彩这个最终保护地。中国传统色彩形态开始走向精神领域，随着人们色彩自觉性的提升，显在的色彩活动逐步取代人类自觉的色彩形式，色彩本能成为人类思想上的沉积。于是中国古人的色彩意识由原始自发色彩象征逐渐转入精神层次的自觉色彩象征。

儒家思想曾是我国古代的主流意识形态，在文化思想上以其博大精深成为我国传统文化的精髓，同时在艺术审美上展现了中国传统色彩美学思想的包容与含蓄的特性。从汉武帝时期的独尊儒术开始，以孔子为中心的儒家思想影响着历代中华儿女。儒家文化已经内化为一种人文品格。儒家十分注重中国传统色彩文化，探寻颜色的精神象征，将传统五色与"仁、礼、德、善"思想体系相结合，其论著中常常借色喻理。例如，孔子曾说"恶紫之夺朱，恶郑声之乱雅乐"。"郑声"是民里的俗乐；"雅乐"是朝会的正乐。按照五色学说来看，"朱"为正色，"紫"为间色，"紫夺朱"无异于"郑声乱雅乐"。孔子以正色与间色的关系来比喻社会中对"礼"秩序的破坏。儒家的色彩观受古人五色观影响很大，主要是为了维护周时建立起的色彩制度，强调"礼"的规范从传统的服饰文化中便可看出，我国各个朝代都有色彩偏好。例如，秦始皇崇尚黑色；汉高祖喜爱赤色；隋朝高官多着紫衫白袍；唐朝规定黄色为皇家用色，官民不得以赤黄为衣；宋代崇尚紫色；清朝以黄色为贵，这种偏好大多源自统治者对于色彩的喜恶。君与民的用色之分反映了人们对于"礼"的推崇。儒家的另一种色彩美学思想是以色来暗示美德，即"比德"。我国经典的戏曲文化中对此有所体现，善于用单纯、夸张、鲜明的脸部色彩来展示人物的面貌，不同颜色的脸谱暗示着不同性格与品德：红色象征忠勇、黄色象征勇猛、白色象征阴险狡诈、黑色则表示刚直不阿，戏曲中的色彩具有塑造"典型人物形象"的良好作用。这种典型的儒式色彩审美将传统色彩进行社会化，具有伦理道德性，在现代社会生活中仍具有"寓褒贬、别善恶"的社会教化功能。

二、色彩文化在文化创意产品中的应用

目前文化创意产品作为文创产业的重要载体和表现形式，成为地域文化产业发展的中坚力量，是区域政治、经济文化的显性呈现。由于当前国内文化创意产品的发展以实践为主，缺乏相应的理论支撑，导致在文化创意产品的开发过程中出现形式过于雷同、用色不慎考究、实用功能差等现象。文化创意产品中文化内涵的缺失是问题产生的重要原因。2019年，"中国传统色彩学术年会"在北京举行，中日两国的30多位色彩专家和多位传统色彩爱好者围绕不同的中心议题，对色彩的观念、色彩的历史、色彩的应用以及颜料的制作等方面展开讨论，对中国传统色彩的研究上升了一个新的高度，在弘扬中国传统色彩与中华传统文化的同时，为国内现代文化创意产品设计行业提供了理论支撑。现代文创产品的色彩研究应该注重传统色彩的现代转化，注重色彩设计的隐喻性及功能性，这样才能更好地体现出文化创意产品的独特性与文化性。

（一）注重传统色彩文化的现代转化

传统色彩在现代文化创意产品中的应用不应该是盲目的"拿来主义"，进行科学的选择与有效的现代转化才能更好地迎合现代消费者的需求。目前，文化创意产品设计大致有三种类别：一是对文物的高仿再造，这种类型的产品需要工艺与技术的支持，创意稍弱，如故宫博物院文创旗舰店的"云山墨戏图卷"的复制品；二是创意衍生品，是将参照物中的符号进行嫁接，利用现代数字媒体技术制作出的文化创意产品属于这一类；三是产品的再创造，是将原有图形元素重新组合，打造具有产品特征的全新视觉形象，如印有青花图案的系列餐具、从古代服装配饰演变来的创意挂饰等。以上这些方法是寻找传统文化与现代生活的结合点，取其精华，通过对已有事物进行"陌生化"处理，架起传统与现代的桥梁。

首先，应充分考虑传统色彩的性格特征，依据产品的特点选择合适的传统色彩。近几年关于国家博物馆的文化创意产品层出不穷，如将文物的文化符号从形态层面到精神层面进行了概括与融合，与时代接轨，创造出一种自身特有的文化创意产品设计风格。

其次，在配色过程中要注重对色彩的重新组合与合理搭配，如改变传统色彩在产

品中的比例与面积，在视觉上构成全新的色彩意象。

最后，要充分考虑传统色彩属性与产品之间的联系，必要时可适当调整色彩的属性。中国古代传统色彩在使用上重精神而轻形式。西周时期，统治者将五色定为王室、宫廷使用的正色。为了凸显皇权的尊贵和显赫，皇家用品配色一般都以鲜艳为主，搭配金银色为装饰，这种审美趣味一直延续至今。例如，故宫博物院文创旗舰店推出的一款名为"有凤来仪"的杯垫套装产品设计。产品的图案设计灵感来源于清代点翠凤凰纹头花，是一对回首凤凰，色彩以黄、红、蓝为主。以传统金线勾边，按照翠羽、宝石的颜色调配出近似色，利用现代的微量射出工艺进行色彩填充整个产品线条流畅、色彩华丽，透露着宫廷用品的古法韵味，使故宫文化不再停留在馆藏文物的展品序列，而是采用现代的方法把东方文化进行转换并传播出去。没有生硬地照搬传统清朝宫廷用色，而是将传统色彩进行纯度与明度的提升，将原本沉闷的历史文化转化到亮丽的色彩表现和造型上，实现历史文化传播的同时，体现出现代设计的时尚气息，很好地将传统色彩进行了现代转化。

（二）注重文化创意产品色彩设计的隐喻性

文化创意产品设计的本质是物的文化设计。在进行文化创意产品色彩设计的时候要注意色彩中蕴含的文化隐喻性。著名学者阿恩海姆曾说："色彩能够表达情感，这是一个无可辩驳的事实。"色彩之所以具有一定的象征功能，是以一定的传统文化为背景的。中华民族崇尚红色，红色具有热情、喜庆、吉祥等色彩寓意，所以红色在中国人心目中具有特殊的情感指代和审美象征意义。节日喜庆要用红色来做装饰；新娘要穿红色礼服。在文学中也不乏对红色的喜爱，人走运了称为"红运"；将美丽的女子称作"红颜"；受人喜爱，得到重用的人称为"红人"等。这种色彩倾向自古就有，相传神农氏自封为炎帝，炎者红也；刘邦兴汉后自称"赤帝之子"，这些是红色的类比运用。受众的审美取决于环境的感染、文化的熏陶。在进一步的研究中，我们还发现古人常用颜色的视觉感受指代人物形象，如民间有"女红、妇黄、寡青、老褐"的称谓。这些富有颜色性的词语实则指代不同年龄段的女性，通常用穿红戴绿来表现少女的形象；用黄衣或黄巾来表现少妇；孤寡者以着青色显示肃穆；老年人则用储墨或褐色来表现，采用人们对"红、黄、青、褐"颜色的视觉来表现具体生活形象。如此一来，颜色被赋予了其所不具备的概念，产生了象征意义。

故宫博物院有一款名为"万紫千红便签纸砖"的文化创意产品。其创意灵感来自故宫博物院藏的清代画琅团锦花纹盖罐，此文物通体白釉画琅彩花，颈部、腹部及盖子上描绘着大小各异的团锦花纹，具有很强的艺术感染力。设计师借传统色彩之形，取传统色彩文化之意，将美好的寓意寄托在产品设计之中。在注重产品色彩美观性的前提下，大大提升产品的格调，深受消费者喜爱。

中国色彩文化与传统文化密不可分，是我国人民审美意识的集中体现与表达，透露出中国式的思维与逻辑，具有地域特性现代的文化产品设计行业需要创新，不仅要紧跟国际潮流，同时也需要注重本土化发展，从中国的传统文化中汲取营养。研究传统色彩是对我国传统文化的继承与弘扬，不仅便于设计师进行设计创作，同时也使购买者更好地解读中华传统色彩语言，可以更好地构建具有中国特色的产品色彩设计体系。

第四节　仿生设计与文化创意产品设计

在社会不断发展的今天，人们对文化生活的重视程度逐渐提升，文化创意领域的产品设计水平也不断提高，将文化创意产品中的设计元素与仿生设计内容相结合可以有力增加文化创意产品的自然属性，更贴合现代人的生活需求，容易激发受众的认同感，对文化创意产品设计具有重要的价值和意义。

一、仿生文化创意产品的现状

随着人们生活水平的不断提高，大家对文化旅游、创意设计等方面的兴趣越来越浓厚。但是目前的仿生文化创意设计图单一，不具备灵活性。文化创意产品设计的主要原则是在融合原本的文化元素，创新设计更高层次的文化产品。不过，当前市场上的文化创意产品只是将众多的设计元素拼凑组合，在仿生设计部分缺乏独特性。比如，只是将仿生设计与明信片等产品单一结合，或者完全仿照某种生物制作工艺品，缺乏自身的独特性。

二、仿生设计在文化创意产品设计中的应用

（一）形态仿生设计的应用

形态仿生设计，是指在文化创意产品设计时通过简化或者模仿生物体的外部特征，利用艺术的处理手法将该要素应用于文化创意产品设计中，主要包含三个方面。

1. 具体形态仿生

具象形态仿生是利用自然界中的各种生物外形，采取变形、夸张的艺术手法，相近地展现事物的形态，实现吸睛的视觉效果。在文化创意产品设计中运用仿生原理可以提升文化创意产品的创新力与创造性。因此，可以将这种设计理念运用在一些文化

创意产品中,如将自然界中的花、鸟、鱼、虫等元素的外部特征与手机壳、钥匙扣、杯子的形状相结合。

2. 抽象形态仿生

抽象形态仿生指以事物的外部形态为基础,加以总结提炼,通过变形、夸张的手段,对仿生对象的形态特征加以利用,使其高于本身的自然形状,做到"神似而形不似",运用于产品的设计中,如某设计师设计的墨竹挂钟。古人常常以"宁可食无肉,不可居无竹。无肉令人瘦,无竹令人俗"表达竹子在国人心中的地位。这款挂钟的钟面是我国著名山水画大师绘制的墨竹作品,指针设计成竹叶的形状,随着时间的流逝,竹叶巧妙地与表盘中的画作融为一体,俨然墙上的一幅墨竹画作,而表框变成了画框。拥有这种仿生时钟,抬头间仿佛感受到微风与月光相互交错下的竹影,将竹子的抽象形态传递给受众。

3. 意象形态仿生

意象形态仿生是结合事物的形和意方面的因素进行设计,使文化创意产品不仅具有自然的视觉效果,还具有寓意与象征。意象形态仿生设计的重点是将事物外形与产品之间的隐藏联系进行深刻剖析,在对比中建立仿生对象与文化创意产品设计之间的关联。比如,在推出猫形吉祥物时,设计理念在利用猫的外形的同时,还引用了猫吉祥招财的寓意,将文化创意产品做到神形兼备。其中,招财猫举起的左爪和右爪分别代表招福、招财。

(二) 结构仿生设计的应用

结构仿生设计是从不同的角度找到事物与文化创意产品之间的关联,将其融入产品的设计之中。在产品仿生设计中,一般将植物的茎叶、动物的肌肉、骨骼结构,甚至是自然景观的细节纹路融入产品设计之中。比如,海洋馆中售卖的由贝壳托起的水晶球产品,水晶球中的岩石以及外部的贝壳纹理细致。又如,杭州雷峰塔景区推出的冰箱贴、钥匙扣等文化创意产品上雷峰塔的细节部分十分清晰,富有质感。

(三) 色彩仿生设计的应用

色彩仿生在文化创意产品设计中占据极高的地位。在仿生设计初期,就需要将形态与色彩相结合。由于一种颜色在不同的环境中的感受均不一样,可以将大自然中的显性色彩运用于文化创意产品设计中。比如,花朵的鲜红、树叶的翠绿、动物具有警示作用的皮毛色彩均可运用到产品中。北京故宫博物院推出的"如朕亲临、奉旨旅行"的腰牌卡,拥有明黄色与深蓝色两种配色,其中两条龙的颜色配置大胆,十分亮眼。腰牌是古代官史别在腰间的出入"通行证",北京故宫博物院利用腰牌的概念以及颜色与现实中的行李牌相结合，既可以作为公交卡套又可以作为行李牌，亮丽的颜色深受大众的喜爱。

（四）功能仿生设计的应用

功能仿生主要利用自然界中的生物存在能力与天然材料的属性进行设计改造。在古代春秋时期，鲁班就曾利用锯齿草叶片的特性，制造了锯子。功能仿生在产品设计中具有重要的地位，深受设计师的喜爱。比如，利用一些景观建筑的独特属性设计开瓶器、门挡，将某地景点特有的鸟类设计成哨子，利用某地特有的莲花形状制作储物架，将博物馆的画作印制成帆布包，都是将功能仿生与文创相结合的例子。

综上所述，文化创意产品在迎合大众的审美、消费需求中具有极大的作用。而生物仿生是结合生物的特性与产品的结构应用于实际的产品设计中，二者之间相互关联，各有特色。由于仿生设计在具体的应用中没有特殊的限制，因此可以和文化创意产品的设计相结合，发挥意想不到的独特效果。

第五节　文化新经济与文化创意产品设计

随着人民生活水平的提高，对文化创意产品精神满足的需求会超越功能性需求。通俗地说，已经没多少人会去一元店买杯子，哪怕功能完全一样，但仅仅为了让自己愉悦，受众也愿意选择贵十几倍甚至几十倍较为精致的杯子。文化新经济下消费者消费心理的变化，为传统文创产业带来巨大的转型机会。

一、文化新经济

（一）新经济的起源

21世纪初期，美国经济持续100多个月的快速增长中，实现了高增长、低失业、低通胀的发展，被学者们称为"新经济现象"。时至今日，高新技术的发展及其产业化对人类社会和经济的发展带来深刻的影响，以技术、知识为主要标志的新经济已成为主宰世界的主要经济形式。

（二）文化新经济概念

文化新经济是以文化元素核心为内在驱动，以拉动文化消费为主要手段，以产业转型升级为最终目的的新型经济模式。文化新经济是从发展经济的角度往回看，如何把文化元素提炼出来，附着到存量经济体制上，使之焕发出新的活力，这是文化新经济的独特内涵。概言之，文化新经济从经济发展的量性指标来衡量，提炼文化元素，与新的方式结合。文化新经济为文化创意产品的发展指明了方向。

比如，美国迪士尼，首先提炼出影视形象，把每个形象元素标准化，然后把不同的形象元素使用在迪士尼餐厅、迪士尼文具、迪士尼乐园等产品中，由卡通形象衍生出各种各样的商品——这就是后商品时代，在经营中一般采用授权经济模式。美国迪士尼的文化创意产品是以迪士尼卡通人物形象为原点进行设计的，则这些人物形象可称为迪士尼的目标文化。如何提取和运用目标文化将成为文化新经济下文化创意产品的关键。

二、文化新经济下文化创意产品的设计原则

从文化新经济的角度讨论文化创意产品的设计工作，就是从产品如何产生最大效益反向推导产品的设计工作。文化新经济概念所描述的特征表现如下：首先，文化经济的高度融合和统一，文化需结合资本、技术、产品等要素融合发展，各要素之间相互渗透，很难再将文化或文化产品单个区分对待和研究；其次，融合文化和创新发展才能成为文化产品的核心竞争力。综上，提炼以下三点文化新经济下文化创意产品应遵循的设计原则。

（一）绿色设计原则

在人类的发展史上，工业设计给人类带来了现代生活和环境，但是也加速了资源的消耗和利用，对地球的生态平衡已经构成影响。从文化新经济的角度看，应重视文化创意产品的绿色设计，即在产品的整个生命周期中，在保证功能的前提下，减少对环境的污染、对能源的消耗。在文化创意产品的选材、加工、包装和产品全生命周期，要考虑其可拆卸性、可回收性、可维护性和可重复利用性等。

（二）倡导更加科学的生活方式

文化新经济关注的受众群体是人，所以更积极倡导人们以更舒适、更科学的生活行为方式生活，这也成为工业设计师的主要任务，无论哪一项开发设计都应遵循这项原则。文化创意产品也是一样，文化新经济下科技进步、经济发展，人们的生活质量将被推向一个极致，在这样的条件下，文化创意产品应更加重视引导人们以更科学的方式生活。

（三）以目标文化为核心原则

每种文化创意产品都要为目标文化服务，文化创意产品可以被认为是消费者和文化之间的纽带，人们使用文化创意产品的过程也是对这种目标文化学习和传承的过程。文化新经济下，每一种目标文化就好比市场竞争下每个独具特色文化的品牌。在收入水平日渐提高的当下，人们追求个性化定制和追逐时尚的消费审美，目标文化能满足人们心理的需求。因此，文化创意产品应该以每种目标文化为核心进行设计开发，所设计的产品应该完全符合并传承这种目标文化。例如，上文中提到的故宫文化创意产品，是完全以故宫文化为核心设计制作的文化创意产品，这样的产品具有极强的针对性，继承了故宫文化，在面对喜爱故宫文化的消费者时自然是十分畅销。

三、文化新经济下文化创意产品的设计创新

文化创意产品应是经济性和文化性、继承性和创造性的统一。目前市场上存在的文化创意产品良莠不齐，且可以借鉴的研究成果较少。研究文化新经济可以为文化创意产品设计提供创新思路。文化新经济下设计师们可以借助新技术、新媒介扩充文化创意产品形式，使文化创意产品以更具现代气息的形式为人们展示鲜活的文化内涵。综上，提炼以下两种文化创意产品创新方式。

（一）结合新媒介创新

传统媒介的文化创意产品营销是直接推销产品，文化新经济下新媒介环境下的文化创意产品营销需要对产品本身、新媒体传播内容及用户需求三者关系进行深入思考，可制造出别具一格又具有亲和力的网络新媒介传播形象，从而征服消费者，实现营销目标。文化新经济下数字媒体的运用，可以加大文化创意产品和需求者的接触面积，通过现代媒体的传播，以最有效的方式将文化创意产品信息传播出去。

例如，故宫淘宝从2010年开始上线，相应开设了微博和微信，同时上线了8款故宫自主研发的APP，将故宫文创以一种新的形式传播给游客。游客将以更轻松、便捷的媒介方式获取这些优秀文化创意产品的信息。

（二）结合新技术创新

新技术的发展往往会为经济发展、产品更新带来巨大动力。文化新经济下虚拟现实设备和3D打印设备具有实惠的价格和成熟的技术，被越来越多的文化创意产品设计师所使用，与技术的碰撞将为文化创意产品带来意想不到的机遇，并为使用者带来新体验、新感受。

例如，使用 3D 打印技术定制个性化文化创意产品，能加快产品的制作速度，提高产品的制作质量，让文化创意产品的个性化定制成为可能。虚拟展示技术即 VR、AR 和 MR 的运用，给人们带来颠覆性的体验。2015 年浙江大学推出的 AR 明信片，配合使用免费的 APP，受众只需将摄像头对准明信片或画册，学校建筑立体模型就会立即显现；摄像头离开明信片后，离线模式仍然可以让模型停留在空中供受众观赏。

文化新经济为文化创意产品的设计提供了新思路。文化新经济下的文化创意产品设计应该围绕目标文化展开，遵循绿色设计原则，倡导更加科学的生活方式，且应具有深刻的文化内涵和鲜明的时代特点。

第六节 非遗文化与文化创意产品的设计

非物质文化遗产是人类宝贵的精神财富和物质财富，是人类长期生活的智慧结晶，是中华文化代表性的符号，将其发展和传承是一项时不我待的事。在国家和社会各界的共同努力下，我国文化遗产保护取得了明显成效。与此同时，也应清醒地看到，当前我国文化遗产保护面临许多问题，形势严峻，不容乐观。现在非遗文化面临非遗传承人技艺无人传授，冷门非遗产品无人买单，非遗产品缺乏创新、与现代大众的审美不符等问题，阻碍了非遗文化的传承与发展。文化创意产业有一定的契合性。在文化创意产品为新载体完成文化创意产业背景下，文化创意产品作为新载体可以完成非遗文化在现代文明中的传承与活化。通过对非遗文化与文化创意产品的结合进行论证，可以发掘出非遗文化创新的具体方法，提升经济价值和文化价值。

一、非遗文化创意产品的现状分析

（一）产品的文化性与实用性失调

文化创意产品作为一种物质产品，虽然是表达文化情感的形式，但实用功能应该是首位的；文化创意产品较普通物质产品来说，因文化内涵的存在种类更加丰富。目前文化创意产品大都是抱枕、手机壳、钥匙扣、杯子等，非遗文化元素与产品载体脱节，缺乏一定的互通性，消费者很难通过此类产品联想到相应的非遗文化内涵。

（二）产品的价格相对较高

很多非遗项目是手工制作的，耗时费力，成本相对较高，设计出来的产品价格高昂，大部分消费者难以接受；如果将非遗产品投入工厂生产，产品制作工艺难以符合非遗标准，缺乏创新性，很难吸引消费者，引起其购买欲望，导致产品无人购买。

（三）产品的品牌意识薄弱

非遗文化相对流行文化受众范围较小，多以小型工厂及小型作坊等生产，知名度较低。就目前状态而言，对非遗产品的开发还仅仅停留在政府主导的抢救性的保护工作上，文化企业还未能在非遗资源开发和品牌塑造上发挥主导作用。甚至许多非遗项目传承人因为文化程度低，或身处偏远的地方，对非遗的认知不够，保护意识差，品牌意识更差。总的来说，非遗资源开发相对滞后，在产业化的过程中缺乏长期的、系统性的规划工作，没有形成整体循环的生态性产业格局，还局限在对极个别单项产品开发的思路之中。

（四）产品的推广体系不健全

在现在的互联网时代，人们足不出户就可以买到自己心仪的产品，而往常的非遗工艺品大都在文玩市场、展会等这种小型的场所售卖，宣传范围比较窄，受众面积小且有局限性，因此在建立品牌的基础上还要以更多的平台和方式去推广。

二、非遗文化创意产品的创新设计

《中国创意产业发展报告（2010）》认为，"传统文化的开发越来越离不开创意元素的加入，创意产业呈现出向传统文化加速渗透的态势"。可以说，将非遗的文化元素引入文化创意产业，是对非遗传承保护的有效措施，也是文创产业发展的契机。因此，非遗文化创意产品的设计应满足以下条件：

（一）文化性

文化是文化创意产品的灵魂，更是一个地域的标签，将非遗文化合理提取并用全新的方式表现出来，再根据载体的不同进行转化和调整，可以使其具有更高的文化价值，充分体现出传统风格与现代风格的结合，同时体现民间艺术家的巧思及当地深厚的民俗文化底蕴。

（二）创新性

为解决目前市场文化创意产品种类单一的问题，还需要具有创新性，产品的定位需要根据人们的审美需求进行实时创新，紧贴人们的生活，使其达到最高的纪念价值与收藏价值。

（三）可行性

可行性主要体现在文化创意产品的品质方面。作为一种纪念品质量必须有保证，不能粗制滥造，不然不仅实用性差，也是对中国传统文化的一种不尊重，因此需要以可行性为基础进行设计。

（四）情感性

产品应满足与消费者的情感互动，要将传统文化结合当下消费者的情感需求加以转换，与消费者产生情感共鸣，让消费者感到亲切，感受到家的味道，让消费者在追求时尚的同时有一种家的归属感。每一件物品的设计理念以及设计思路都是产品专属的故事，不同产品能满足不同消费者的情感需求。

三、非遗文化创意产品的实践思路

首先，在非遗文化创意产品线下发售初期，应控制供应出售产品的数量，可以通过小部分人群购买评价，引起大众好奇心，再一点点扩大供应出售产品量。根据购买情况有针对性地控制不同类型的非遗文化创意产品生产量再到后期全面广泛出售。

其次，要借助网上平台来实现线上渠道的开拓。可以在线上提供材料包，引导手工体验。引导受众亲身进行手工制作是一种深度的体验途径，随着电子商务的普及，一些无法身临其境的受众也可以通过各种途径收到材料包，对手工艺类的非遗项目进行参与体验。

便捷是网络时代各个领域最普遍的特征。针对非遗项目，进行材料包的设计开发无疑是一种更加简单快捷、传播面更广的方法，传承人需要在确定产品后，计算好所需材料的内容与数量，搭配成相应的材料包。在这个过程中，成熟设计师的参与对强化材料包的视觉效果、提高实际销售量有较大作用。材料包中除手工体验所需要用到的材料之外，制作教程也是必不可少的。对一些制作步骤相对简单的产品，直接在材料包中提供说明书即可；而对一些相对复杂的手工制品，有时需要给用户提供制作的电子教程或视频演示，相应的做法是在材料包中提供可以扫描的二维码，用户可以通过扫描二维码，获得详细的视频教程，在观看后达到手工体验的目的，从而使越来越多的人了解非遗，传承非遗。在此期间不断积攒口碑，不断积累用户，了解客户需求，最终扎根市场。

消费是最好的保护。为了非遗的传承和发展，用更好的设计方法体现文化的精髓，以文化创意产品的形式出现在大众视野，无疑是一个好的解决办法。

第六章 文创产业的创新动力

第一节 文创产业政策的制定和实施

纵观北京市文化创意产业政策十年的发展,可以发现四个明显的趋势,即市场化、融合化、普惠化和国际化,这体现了北京市政府按照支柱性产业发展文化创意产业的决心,以及对文化创意产业的优待。

一、市场化:让市场在资源配置中起决定性作用

在北京市文化创意产业发展的十年历程中,北京市文化产业政策始终鼓励文化产业向市场化方向发展。2006年,《北京市促进文化创意产业发展的若干政策》出台,其第一条政策内容就是"放宽市场准入,完善准入机制"。一方面,市场准入条件和领域进一步放宽,市场主体活力进一步释放。

《北京市文化创意产业投资指导目录》的制定明确了鼓励、允许、限制和禁止投资的项目,积极引导非公有资本及海外资本进入文化创意产业的新闻出版发行和版权服务、广播、电视、电影服务,文化艺术服务等领域,为产业发展注入新鲜血液。2010年起,中国经济增速进入下行轨道,鼓励和引导民间资本健康发展成为稳增长的重要手段之一。在这一大背景下,2013年,北京市颁布了《关于进一步鼓励和引导民间资本投资文化创意产业的若干政策》,有效地打破了阻碍民间资本进入文化创意产业的隐形门槛,从放宽企业工商登记条件、引导与鼓励民间资本改造及新建文化设施、鼓励民间资本和民营企业参与投融资服务体系创新等多角度入手,为民间资本投资创造良好的政策环境,鼓励和引导民间资本投资文化创意产业。

另一方面,加快文化体制改革,推进经营性文化事业单位转制为文化创意企业,积极营造有利于文化创意产业发展的公开、公平、公正的市场环境。在不断完善与落实《关于深化北京市文化体制改革的实施方案》《北京市在文化体制改革试点中支持文化产业发展的实施办法》《北京市在文化体制改革试点中经营性文化事业单位转制

为企业的实施办法》等政策的基础上，北京市顺利完成部分国有文艺院团、经营性出版单位、发行单位、电视剧制作机构（如北京歌华有线电视网络股份有限公司、北京歌舞剧院有限责任公司、中国木偶艺术剧院股份有限公司、北京出版集团有限责任公司、北京儿童艺术剧院股份有限公司、北京广播公司等）的转企改制，实现了经济效益和社会效益的双丰收，有效激发了企业活力。

二、融合化：从"一行一策"到加速推动产业融合发展

2013年以前，北京市文化创意产业的产业结构性政策更多地关注文化创意产业内部各行业的发展，先后出台了《北京市促进设计产业发展的指导意见》《北京市原创动漫形象作品专项扶持资金管理办法（试行）》等行业专项政策，提升优惠政策的针对性与有效性，"一行一策"的范围不断扩大。

随着文化创意产业的发展，文化创意产业的跨行业融合程度不断加深。文化创意产业通过发挥自身核心价值，帮助体育、农业、制造业等产业提升产品附加值与吸引力，并在这一过程中，拓展了自身的发展空间。在这样的背景下，2013年起，北京市在注重"一行一策"的同时，瞄准文化创意产业融合发展的趋势，结合北京市自身的情况，出台了《关于促进文化与商务融合加快发展新型文化业态的实施意见》《北京市推进文化创意和设计服务与相关产业融合发展行动计划（2015—2020）》等一系列促进产业融合发展的政策，明确将文化创意产业及其他产业融合领域从科技、金融、旅游、体育进一步拓展至教育、城乡规划建设、商务服务、制造业、农业等领域，进一步拓宽了文化创意产业的影响范围。

《北京市推进文化创意和设计服务与相关产业融合发展行动计划（2015—2020）》（下文简称《行动计划》）作为推进北京市产业融合发展的关键性政策，使越来越多的企业意识到文化创意和设计服务的重要性，加速了市场自发推动产业融合的进程。部分企业将自身业务开展情况与政策条款相结合，相应调整企业发展战略，使政策实现落地。例如，故宫博物院充分利用自身得天独厚的历史文化资源禀赋，开发了超过7000种各具特色的文创衍生品，上线了多款精品APP（手机软件），建设了端门数字馆，这些均为《行动计划》中提出的旅游文化内涵开发行动做出了完美的注解。

三、普惠化：中小微企业、消费者与国企共享政策优惠

北京市文化创意产业的产业组织政策逐步向中小微企业和消费者聚焦表现出"普惠化"的特征。2012年之前，北京市文化产业的组织改革重点在于做大做强国有文化企业。采取了包括政企分离、企业转制等方式培育骨干国有或国有控股文化企业，先

后组建北京日报报业集团、北京出版集团、北京广播电视台等骨干国有企业，打造"首都文化航母"，大力推动文化产业集团化建设，并积极实施文化精品工程，打造首都文化品牌，提升首都文化的传播力和国际影响力。

北京市文化创意企业中，中小微企业的数量远超过大型企业，促进中小微企业的健康发展，对于提升文化创意产业的整体发展水平与活力有重要意义。2012年起，在继续推行品牌化和国际化战略的同时，政策更加关注中小微企业的活力与发展，颁布了《北京市人民政府关于进一步支持小型微型企业发展的意见》《北京市人民政府办公厅印发关于进一步加强金融支持小微企业发展的若干措施的通知》《北京市中小企业发展基金管理办法》等政策，不仅在技术创新、市场开拓、发展空间等多个方面对中小企业加强支持力度，完善对中小企业的服务，更在财税与融资方面不断推出新政策，加大对小微企业的支持力度，力图解决小微企业面临的融资难题。

四、国际化：打出"企业+国际文化交流活动"组合拳

北京市拥有厚重的文化积淀，丰富的文化资源本应为北京市在文化方面带来更高的国际影响力，但现实却不尽如人意。为了改变这一现状，北京市从两个角度出发，一是支持文化创意企业"走出去"；二是积极组织参与国际文化交流活动，展示中华文化魅力，弘扬民族文化。在支持文化创意企业"走出去"方面，综观十年间相关的政策可以发现，从最初单纯利用税收、奖励等方式鼓励支持文化创意企业出口产品与服务，到借助海外的资源（如国际友好城市、驻外机构、海外华人、外方平台等），为文化创意企业开拓国际市场，建立国际化的营销渠道，再到加快文化保税区建设，扶持建立海外文化创意产品生产和对外文化贸易基地，搭建文化出口综合服务平台，加快促进文化"走出去"服务体系建设。北京市鼓励支持文化创意企业"走出去"的措施日益多元且深入，相关的政策体系不断完善。在组织参与国际文化交流活动方面，以展示弘扬民族文化为核心，北京市积极将现代文化活动形式与传统民族节日、传统经典文化相结合，突出京味特色，打造具有国际影响力的文化品牌活动，向世界展示中华文化的独特魅力；积极举办北京国际音乐节、北京国际电影节、北京国际摄影周等国际性文化活动，构建多元文化传播载体和文化营销网络，向世界展示北京的风采；健全北京与友好城市的合作机制，推动文化交流向更深层次拓展。

第二节 互联网经济下文创产品运营新方向

学术界尚没有直接针对"互联网创意产品"这一概念的文献研究。但是，在已有的研究中，相关概念如"文化产品""创意产品""数字内容产品"等，都与"互联网创意产品"具有较为密切的联系。此外，针对动漫游戏的微观管理问题的研究也可为本书提供支撑。因此，我们可以从这些相关概念出发，对已有的相关研究进行梳理和总结，以此为本书提供理论借鉴。

一、文化和文化产品

（一）文化的概念

"文化"的英文 Culture 源于拉丁文 Cultura，原意是耕耘、职务教育。中国古籍中的"文"指文字、文章、礼乐制度等，如汉朝刘向在其《说苑》中提到："凡武之兴，为不服也，文化不改，然后加诛。"中西方的"文化"一词不同源，但是逐渐引申出统一认同的三层含义，即遗迹、遗物综合体的考古学意义，人类所创造财富总和的社会学意义，知识文化水平的教育学意义。这三层文化含义的外延非常广泛，甚至达到了一切名词都可以冠以文化的地步，因而很难从总体上给予其一个严格而精准的定义。

从文化经济学的视角出发，戴维·思罗斯比对"文化"进行了最具学术性和最具现代意义的界定。他认为"文化"具有双重含义，第一重含义是在人类学和社会学的框架下，将文化描述为"一整套为某一共同群体所共有或共享的态度、信仰、传统、习俗、价值观和惯例"；第二重含义是从实用方面出发，将文化描述为"与人类生活中的智力、道德和艺术方面相关的人类活动与活动成果"。其中，戴维·思罗斯比认为第二重含义更加接近于文化经济学研究的实践，他抽象和总结出"文化"的三方面典型的文化经济学特征，即创意性、象征性和知识产权性。

（二）文化产品的概念

参照联合国教科文组织的《文化统计框架（2009）》，以《国民经济行业分类》（GB47542011）为基础，根据现行文化经济生产和大众文化生活的特点，我国国家统计局在《文化及相关产业分类（2012）》中指出"文化及相关产业是指为社会公众提供文化产品和文化相关产品的生产活动的集合"。文化及相关产业的范围包括"新闻出版发行服务广播电视电影服务、文化艺术服务、文化信息传输服务、文化创意和设计服务、文化休闲娱乐服务、工艺美术品的生产、文化产品生产的辅助生产、文化用品的生产、文化专用设备的生产"10个大类的生产和服务性活动,这10个大类包括了新闻业、图书出版、报刊出版、音像制品出版、电子出版物出版、广播、电视、电影、文艺创作与表演、图书馆、博物馆、互联网信息服务、广告、数字内容服务、景区游览服务、知识产权服务等120多个行业或经济类别。

根据国家统计局的分类,作为文化产业载体的"文化产品"概念的外延将非常广泛,涉及目前的100多个行业类别,可以是有形的产品,也可以是无形的服务。联合国教科文组织(UNESCO)将文化产品定义为"传播思想、符号和生活方式的消费品,能够提供信息和娱乐,进而形成群体认同并影响文化行为"。根据UNESCO对文化产品的界定和种类划分,"文化产品"是一个社会智力文明和精神文明的凝结,体现着一个国家的文化软实力,包括"文化商品"和"文化服务"两大类。文化商品通常以有偿形式提供,如图书、杂志、电影、视频、唱片、软件、工艺、时尚、设计等;文化服务可以有偿形式或者无偿形式提供,如艺术表演、社区活动等。

二、创意产品

(一)创意产品的特性

1. 文化、技术和经济的融合特性

创意过程实际上就是用新的技术或工艺,将文化因素融入产品,带给消费者新的体验,从而实现产品经济价值的过程。林明华和杨永忠认为文化是创意产品的内核要素,技术是创意产品的实现手段,经济效益是创意产品的开发导向。创意产品主要是指具有文化和审美属性,具有使用价值的创新型产品,消费者的体验过程是实现创意产品科技与文化融合的重要途径。创意产品具有新颖性、适宜性、有效性、可分辨性等特点,同时也具有风格化、符号价值和审美属性。对创意产品的主要评价方法包括同伴提名、创意活动和成果检查列表、同感评估技术(CAT)、创意产品语义量表(CPSS)等。全球化和数字技术的最新发展使得"消费驱动"的经济形态已经形成,创意过程关注的重点应该从供给侧转向需求侧,重点关注消费者的需求结构变化。

2. 功能价值与观念价值并存

创意产品的价值由功能价值和观念价值两个部分组成。功能价值由科技创造而成,是商品的物质基础;观念价值因创意渗透而生,是附加的文化观念。创意产品价值增值的过程是沿着功能价值到观念价值的路径展开的。由于精神产品的价值与普通产品存在差异,创意型产品在生产可能性曲线、供给曲线和生产决策等方面具有特殊规律。

对创意产品而言，文化要素的植入和新科技的运用使其呈现特有的属性，其产品价值的实现路径与传统产品存在差异，其价值结构和价值开发具有特殊的路径。文化创意产品具备成为公共产品的必要条件，但外部约束条件会改变产品的实际经济性质，在不同外部约束条件下，文化创意产品分为公共产品型、公共资源型、私人产品型和私人垄断型四种类型。研究表明，文化创意产品的私人供给和公共供给在供给目标方面存在冲突。

3. 消费的体验性和"可传染性"

文化创意产品的定价和消费很大程度上取决于消费者对文化产品的感知度。创意产品的消费具有偏好的"传染性"。对世界范围内工艺品、视听、设计、音乐、新媒体、出版和视觉艺术七种文化创意产品的比较优势和产业内贸易状况的研究表明，增强创意产品的文化感知性和精神体验性是发展中国家利用文化比较优势，发展创意文化产业，推动本土经济可持续发展的重要途径。

（二）创意产品的开发

传统高度标准化的业务流程管理（BPS Management）已不再适应知识和创意密集的创意产品开发过程，创意产品开发的管理需要新的基于创意的业务流程管理模式（Creative Bps），也就是说，创意产品的开发需要的是创意化的管理。创意管理的核心由三个部分构成：人文主义、社会技术学和知识管理。创意管理是实现商业创新，获取可持续竞争优势的源泉，通过创意管理指标体系（Creative Management Index，CMI）可以评估创意管理流程的有效性。具有"创意密集"特征的商业过程具有客户依赖和交互的管理性质，并在输出结果、过程结构和要求资源等方面具有很高的不确定性。研究发现，学习型组织构建与"创意组织氛围"之间存在正相关关系。在创意管理过程中，应基于情绪认知对创意过程中的组织和个体冲突进行有效管理。

在迅速变化和高度竞争的市场中，"机会发现"对及时开发创意产品和服务具有十分重大的意义，因此需要在组织内建构一种"创新支持系统"（ISS）。研究发现，"可视化的场景""价值认知""基于共享知识的合作创造""新出现的机会评估"四个要素是实现机会发现的关键。从创意产品的结构与功能的相互关系出发，对创意产品的功能要求和设计参数进行分类和格式化，可以得出可能的创意功能配置组合方案。此外，通过EP（扩展产品）的概念框架，可以有效地实现新产品开发的合作创意，更好地实现基于消费者的商业模式。

三、数字内容产品

数字内容产品属于文化产品中被信息化、数字化了的虚拟产品或无形服务。数字内容产品与文化产品之间是一种"包含于"的关系,以下将对相关研究进行综述。

(一)数字内容产品的概念

1995年,西方七国会议首次提出了数字内容产业(Digital Content Industry)的概念。此后,数字内容产业通常又被叫作信息内容产业。1996年,欧盟在《信息社会2000计划》中明确了数字内容产业的内涵,将其定义为"制造、开发、包装和销售信息产品及其服务的产业",指出数字内容产业包括媒体印刷、数字出版、音响传播等行业。1998年,经合组织(OECD)将数字内容产业界定为"由主要生产内容的信息新媒体所提供的新型服务产业"。美国经济学家夏皮罗和瓦里安认为数字内容产品就是已经被编成二进制编码的一切交换物。也就是说,数字内容产品就是一切数字化了的,并且可以通过数字化网络传输的产品。事实上,任何产品都可以有精神内容和物质载体两种形式。数字内容产品就是以创意为核心的,以数字信息技术为载体的精神性产品。数字内容产品目前涉及的领域主要包括数字出版、数字广告、数字创作、数字化教育、动漫、游戏、影视、内容软件等,随着信息技术、互联网技术和相关服务产业的发展,数字内容产品的边界将越来越大。

数字内容产品包含技术、商业、文化、艺术等要素之间的交融与互动。文化资本是推动产品开发的重要基础,文化资本在数字内容产品的开发和运营过程中,起到了重要的基础性作用。社会文化的许多要素,深刻地影响了数字内容产品的价值呈现。此外,数字内容产品的消费具有较强的空间文化属性,消费者之间的模仿行为是驱动其扩散的重要动力。

数字内容产品的价值创造过程也具有自身的特点。如动漫产品的价值创造过程集中体现为"价值网"的形成和发展。就视频游戏而言,价值链的构成涉及生产者、消费者、硬件平台和销售渠道四个方面,与传统的电影、音乐等娱乐产品相比,硬件平台对价值创造具有更大的影响。由于视频游戏具有很强的互动娱乐特征,平台服务商和消费者在价值创造过程中发挥着更为重要的作用。

(二)数字内容产品的特性

数字内容产品包含文化、技术和经济性。生产要素的交融与互动是文化创意产品中技术密集性很强的产品形态,具有自身独特的特点。

1. 社会网络性质

数字内容产品具有明显的社会网络性质。如动画也已经形成了一个全球性的生产网络。该网络在市场结构、劳动力分工、需求结构、生产技能的扩散等方面和传统文化产品的生产具有显著差异。

此外，游戏开发者之间的联通性对游戏企业具有重要影响，在社会网络视角下，开发商之间的知识溢出效应对企业发展具有明显的推动作用。同时，消费者是影响互联网创意产品生产的重要因素。在视频游戏市场中，消费者网络是游戏企业的重要战略资产。在视频游戏的开发、测试和扩散过程中，游戏开发公司与游戏用户社区之间的互动关系对产品成功具有重要意义。

2. 参与者之间的互动性

由于数字内容产品大都通过互联网进行传输和连接，处在不同节点上的消费者很容易在虚拟空间相互作用，使得数字内容产品具有很强的互动性，参与者之间的互动交流可以是同时发生的，也可以是先后发生的。数字内容产品的互动性改变了传统媒介信息从发送者到接受者单向流动的模式，使所有的信息都双向互动起来。这种互动作用可以发生在持有互联网终端的人与人之间，也可以发生在人与机器之间。判断数字内容产品互动性强弱的标准包括数字内容媒体或终端的可选择性、可替代性、可修改性、线性或者非线性、产品对人的感官的激发程度等。数字内容产品的互动性使交错互动的网络空间得以形成，消费者在这一网络空间可以尽情舒展自己的个性，拓展了参与者的社交圈，大大加强了参与者的社交范围和社交频率，极大地降低了人与人之间的孤独感和疏离感。

3. 消费的体验性和参与性

在传统商品的开发和生产过程中，消费者对产品开发过程的参与度很低，即使有参与，在大多数情况下也只是产品开发过程的被动参与者。数字内容产品以二进制编码的数字化格式为基础，以比特流的方式通过互联网进行产品的传播，具有非常强的可复制性、可传达性、可分割性、可破坏性、可改变性，因而消费者可以在数字内容产品开发和运营的多数阶段进行参与，如创意、开发、生产、消费等环节，实现生产与消费的深度互动和价值共创。数字内容产品是精神产品的一种，消费过程就是参与者的体验过程，而体验的评价是主观的。因此，消费者的主观评估是产品开发和改进的先决条件。消费者对数字内容产品体验后的评论、口传等信息是影响后续消费者选择的重要广告信息，而消费者的体验评论本身主观性很强，受消费者个人世界观、价值观、文化素养、认知能力等因素的影响。在进行数字内容产品的开发和运营过程中应对消费者评论信息进行有效的引导和管理。

4. 平台经济性

数字内容产品还具有较强的平台经济性。在美国视频游戏市场中，存在明显的"间接网络效应"和"平台型控制"特征，这种特性使得平台差异化和外部开发便利化变得非常重要。在双边市场理论的视角下，视频游戏控制台市场中的"多方持有行为"对平台拥有者、消费者和生产者网络具有重要影响。如平台层次的多方持有行为，会对平台的销售产生不利影响。而在成熟的平台市场中，平台共享程度的增加，会导致更多的生产者层次的多方持有行为。此外，互不兼容的多种游戏硬件平台和软件网络规模效应，会对第三方开发者软件产品的市场份额产生显著影响。

5. 特殊的定价策略和营销模式

数字内容产品是运用现代数字技术，将知识信息碎片化，重新聚合成多种内容、多种形式、多种平台、多种载体，在多边市场上运营的新型产品，这一产品特性彻底打破了传统商品一对多的定价模式。因而对数字内容产品的定价应该考虑其特殊的成本结构和网络外部效应。影响数字内容产品定价的主要因素有两个：一是特殊成本结构；二是网络外部效应。与此相对应，数字内容产品的定价策略包括以内容需求为基础的价格策略、以平台成熟度为基础的价格策略、以用户偏好为基础的价格歧视策略。此外，数字内容产品的定价和销售策略还受到相关交易各方的市场控制能力和互动关系的影响。

在营销模式方面，数字内容产品与传统产品的区别主要体现在顾客群体不同，网上顾客行为变化性大，产品的发行受到宽带覆盖、服务器容量、终端设备等配套设施等方面的影响。因此，数字内容产品的营销模式与传统产品有很大差别。根据不同产品特质，可以采用组合模式、捆绑模式及混合模式等。数字内容产品的可试用性和其需要的营销工具数量显著相关；4P-4C-4S 营销模型对不同种类的数字内容产品存在适用性的差异；在网络营销环境中，数字内容产品常用的传输模式"下载和交互"与其适宜的分销方式"网上商店和独立网站"之间存在因果关系。对网络文学作品的研究表明，数字内容产品的信息披露程度对成交量具有重要影响。

6. 对技术的高度依赖性

数字革命对内容的生产方式具有明显的革新作用，它在经济和艺术两个层面，通过新知识和新技艺的应用来提供新的产品和服务，并直接影响数字内容企业的战略组织和创新过程。信息技术还通过技术绩效、市场实践和用户感知等中介变量，对数字内容市场产生影响。新技术变革深刻改变了数字内容市场的商业模式，如数字音乐市场和视频游戏市场的商业模式都出现了在线销售的新趋势。对美国家庭视频游戏市场的历史分析也表明，技术变革导致行业标准的改变，进而对市场竞争格局产生重大影响。可见，数字内容市场存在迅速的技术进步和竞争格局变化，这就要求数字内容企业具备迅速适应变化、保持竞争优势的能力,即必须获取和保持"动态能力",这对于这一行业中的企业至关重要。在微观层面,技术变革首先影响数字内容产品的创意过程。如对视频游戏产品而言,无论是基于已有平台来开发新游戏产品,还是研发新的游戏平台,技术变革都将进一步加剧产品创意过程的非线性和不可预测性,使得产品创意过程更加类似于一个"创意谈判"的过程。在数字内容产品开发的过程中,还出现了一种新的价值共创模式——威客,这一模式对提升数字内容产品的技术资源配置效率具有积极作用。

运营模式是企业战略执行的重要基础。一般而言,运营模式是指在产品的价值创造和价值增值过程中,对业务流程、业务单元和利益相关者关系的管理组织方式,产品的价值创造和价值增值过程是运营模式的核心。由于这一过程是在一定的社会价值网络中完成的,因此,应在一定的商业价值环境下考察产品的运营模式问题。具体而言,运营模式是业务流程集成度和业务流程标准化两个维度在不同水平上的组合。

在互联网环境下,通过网络平台的连接,传统的价值链打破空间和时间限制,进化为包括用户、供应商、合作伙伴和竞争对手在内的实时价值网络。互联网带来的"长尾效应"和相应的利基市场也为传统商品的价值增值提供了新的巨大空间。就文化创意产品而言,互联网与原有产品价值链环节相结合,改变或重构了文化创意产品的价值链结构和价值增值方式。

许多学者对互联网环境下文化创意产品的运营模式问题予以关注和探讨。主要涉及网络文学、网络媒体、网络电视、网络视频、数字出版、科技期刊、网络杂志等细分产品类型。由于运营模式具有很强的具象性和指向性,根据全书的结构安排,对与互联网创意产品相关的具体运营模式的研究回顾将在后续部分展开。

综合以上文献,国内外学者围绕互联网经济、消费者行为理论、网络消费者行为、文化产品、创意产品、数字内容产品、运营模式等主题已经做了比较丰富的研究。总体而言,互联网创意产品的相关研究具有以管理学为核心、多门社会类学科参与、重视与实践结合的特点,呈现多学科多视角的态势。这些研究成果对本书进一步开展对互联网创意产品运营模式的研究提供了相关理论基础和重要的研究借鉴。

对互联网经济的相关研究主要从宏观和微观两个层面展开。宏观层面主要涉及互联网经济的内涵和特性问题。其中,关于其双边市场特性的研究较为系统和深入。微观层面主要涉及网络消费者行为的特性和影响因素问题,其中,对网络消费者行为倾向的研究表明,网络消费者行为倾向主要受交易成本、风险、易用性、可用性等因素的影响。

文化产品、创意产品和数字内容产品与"互联网创意产品"的概念在内涵和外延上较为接近。相关研究主要涉及这三个概念的内涵和特性问题。总体来看,文化产品的概念既包含创意产品,也包含数字内容产品。而创意产品和数字内容产品之间具有很大的概念交集。创意产品所具有的重要特性包括功能价值与观念价值并存、消费的体验性和可传染性。数字内容产品所具有的重要特性包括社会网络性、平台经济性、技术依赖性等。两者最突出的共有特性就是文化、技术、经济要素的内在交融性质而数字内容产品的技术性更为突出。这些特性导致了两者在具体运营模式上的特殊性。

对文献的回顾发现，学术界已经对互联网环境下文化创意产品的运营模式问题予以了关注和探讨。相关研究主要是针对具体的产品类别进行分析和研究。其中，不少研究关注了出版、新闻、电视等传统文化产品在互联网条件下的运营模式创新问题。同时，文献研究的结论也表明，现有研究尚有待进一步拓展和深化的必要。

第一，对互联网环境下文化创意产品的理论概括度不足。现有研究多针对某一具体产品类型进行探讨，多从传统的出版学、传播学角度，对互联网条件下相关产品的新性质和运营规律进行探讨，或者对属于纯粹互联网环境下的新产品形态进行单独讨论。但是，问题的实质在于"互联网+"与文化的融合和创新的具体实现机制。相关研究均未站在互联网与文化创意深度融合的视角来分析相关问题。本书提出"互联网创意产品"的概念，正是对"互联网+文化"的高度理论概括。

第二，对互联网创意产品的价值网缺乏系统研究。互联网与文化创意产品结合后，产生了全新的互联网创意产品价值网。部分研究注意到这一全新的重要性质，但并未做专项的系统讨论。事实上，价值网是互联网创意产品运营的主要载体。互联网创意产品的价值创造和增值过程都是在价值网内，通过多重价值循环的方式实现的。建立互联网创意产品价值网的系统理论，是深入探讨互联网创意产品运营模式的重要理论前提。

第三，对互联网创意产品运营模式的研究有待深入。现有的相关研究主要停留在概念分析和描述性分析的阶段。对于互联网与文化创意产品结合所带来的特殊性质，以及由此所带来的运营模式上的新特点，缺乏系统的理论和实证研究。需要进一步从运营的各个环节、各个层面，分析其流程体系和模式，研究如何有效管理这一以文化特征为核心的运营过程，为实现生产具有全球竞争力的互联网创意产品这一目标，提供理论和实践指导。

第四，对互联网创意产品运营的制度环境缺乏研究。互联网创意产品具有以文化为内核，经济、技术、社会三位一体的融合特征。互联网创意产品的运营，是通过在价值网中的多重价值循环实现的。但是，互联网创意产品的价值网又处于一个更大的制度环境当中。这一制度环境也对应包含经济、技术、社会三个方面的制度系统及其子系统。制度环境的有效性对互联网创意产品运营过程的绩效具有重要影响。现有研究或者未关注制度环境问题，或者仅关注了某一方面的制度影响问题。因此，有必要从"经济—技术—社会"整合框架的角度，系统探讨互联网创意产品运营的制度环境问题。

第七章 文创产品的设计创新

第一节 文创产品的构成要素与分类

一、文化创意产品的分类

文化创意产品在构思、生产制造、营销、消费等方面都有自身的特征和规律，并且各个国家和地区都有着自身经济生活的发展和人们需求的变化。因此，各国对文化创意产品的分类并不相同。在文化创意产业链上，文化创意产品大致可分为三类：内容类文化创意产品、创意类文化创意产品和延伸类文化创意产品。

（一）内容类文化创意产品

内容类文化创意产品依据原创性、思想性、创新性的特点，包含了传统文化研究与创新、流行文化研究与创新、动画、电影、新闻出版、文艺演出等内容。这类文化创意产品作为内容产品存在，主要解决消费者需求的本质与核心内容，同时成为创意类文化产品的创意源发点。

（二）创意类文化创意产品

创意类文化创意产品的主要特征是通过创意对文化进行转移，即通过具体设计创意将内容类文化产品或直接将传统文化及当代文化移植到产品中，消费者通过产品的拥有和使用获得对文化的消费体验，从而提升传统产品的附加值。

（三）延伸类文化创意产品

延伸类文化创意产品有非兼容性和非排他性的特征。这类产品包括商务服务、会展、文化设施等，能够提供体验文化的非物质性的过程和服务。这类文化创意产品解决消费者在满足其精神需求的过程中附带获得的利益和效用。

通过以上分析可知，本书所指的文化创意产品是最具设计艺术特征的文化创意产品。对文化创意产品的理解可以分为三个层次：首先，它应该是一个产品，能够提供给市场销售，以供消费者消费及提供给消费者相关的体验；其次，该产品的形式主要包括品质、式样、特征、商标及包装等，要符合消费者的审美需求，达到感观上的愉悦；最后，该产品能够提供一种"文化"属性，能够唤起一种记忆或是象征一种文化身份，这种是纯精神上的归属和认同。而在文化创意产品三个层次的内涵中最重要、最具标志性的内涵是产品的"文化"属性，也是文化创意产品区别于传统产品的本质内涵。

二、文化创意产品的价值构成

文化创意产品的价值构成系统与一般商品有着很大的差异。文化创意产品的价值不仅由社会必要劳动时间、个别劳动时间，或由购买者的需求和支付能力、价值效用等显性要素来决定，而且是由隐性价值和显性价值共同决定的。

文化创意产品的显性价值与一般商品并无二致，其独特性在于体现"文化"的隐性价值，是文化创意产品价值中的核心部分。"文化"来源于特色的民族历史资源、人文底蕴和文化内容产业等。在文化创意产品的生产过程中，"文化"可以间接影响新产品的附加价值，所以文化创意产品的隐性价值也是企业的核心竞争力。传统产业从改变商品的功能来为消费者提供更高的使用价值，从而获得高利润。但是，文化创意产品是在满足消费者功能价值的基础上改变消费者的观念而获得利润的。这些观念主要表现为信息价值、文化价值、体验价值等。

三、文化创意产品的构成要素

传统产品的设计理念发展支持一种高投入、大批量的生产方式，在现代传媒和广告的鼓动之下，有计划地废止成为一种"时尚"。物质产品的生产沿着"原料—大规模生产—大众消费—报废"的轨迹。然而，现代社会中的人在享受物质带来的快感和便利的同时，也产生了对回归传统、追求文化的质朴生活的向往。文化创意产品正是为满足该种需求而产生的，同时要成为文化创意产品就必须具有文化、创意、体验、符号、审美等要素特征。

（一）文化要素

文化对于每个人来讲似乎是个很熟悉的概念，如儒家文化、玛雅文化、饮食文化、酒文化，甚至厕所文化、地铁文化等。文化似乎是一件万能的"魔衣"，任何生活琐事只要套上它就会显示出庄严的法相。但文化似乎又很陌生：我们不能像把握"苹果"这类物词一样来把握文化，因为文化在这个世界上找不到它的对应物；我们也不能罗列一些"性质"词来描述它的属性,尽管西安的兵马俑、北京的紫禁城、巴黎的罗浮宫、中国的筷子、西方的刀叉等都属于文化,但是文化也不是个集合名词,如果那样,文化便成为一个人类历史所创造的一切事物的杂货铺。

在英文中,文化表达为"culture",是培育、种植的意思,暗指脱离原始状态。而在中文中,文化则是指"人文教化",更侧重用共同的语言文字来规范群体的精神活动和物质活动,将其进行传承、传播并得到认同的过程。如上所述,文化实际上主要包括器物、制度和观念三个层面。而文化创意产品正是通过器物来体现制度和观念。文化创意产品是对现代主义设计和产品发展到极致进而形成千篇一律的国际风格的一种反对。产品的国际风格使整个世界呈现出高度的一致性,世界各地区固有的文化及生活方式正在逐渐消失。而地域文化及人们的生活方式是经过长时间的积淀形成的特定产物,是一种"记忆"和"文脉",开始受到各地区的高度重视。人们重新审视世界文化与地域文化的关系,更多地关注本社会、本民族的社会文化意义,并将其注入产品之中,从而在器物层面上引起对过去生活方式的一种记忆。将文化创意产业与传统制造业进行结合,在实用中融合文化,在传统产品的理性价值之上增加更多的感性价值,从而获得更多的附加值。

文化创意产品中的文化要素主要包含两个维度。其一是纵向的历史性文化延续。历史性文化,即所谓的文脉,英文即"context",原意指文学中的"上下文"。在语言学中,该词被称作"语境",就是使用语言的此情此景与前言后语;更广泛的意义,引申为一事物在时间上与其他事物的关系。在设计中,刘先觉将历史性文化译作"文脉",更多的应理解为文化上的脉络,强调文化的承启关系。文化创意产品中的文化要素能够满足人们对于过往的追忆,从而得到心灵的慰藉。这就如同当城市逐渐兴起,人们离开祖祖辈辈生活和耕耘的土地,住进单元公寓房。但是,人们没有忘记土地及耕种的生活方式,在阳台上总会有几个花盆,费尽心思地弄来土壤,种上花草,以及辣椒、黄瓜、丝瓜、小葱、大蒜等。这就是"种植文化"的残存,残留在人们的血脉之中,一有机会就会发芽。其二是横向的区域性文化传承。20世纪后半叶,很多设计研究机构及设计公司开始从社会学科中寻找信息和方法,以找到用户与产品的联系,使产品能够传承特定区域的文化,能在产品中反映出与特定区域相似的社会环境、文化背景、知识体系和生活经验等。

(二)创意要素

当下的信息社会、知识经济及文化产业,意味着人类生产方式的一次革新。人类创造财富的方式从过去依靠体力劳动逐渐向依靠脑力劳动的新劳动方式转变。同时,将文化、信息及知识视为重要的新生产资料,并把人类的创意看作经济前进的主要动力之一。文化创意产品正是在这样的背景下孕育而生的,因此创意成为其关键性要素。

创意在英文中表达为"creat"和"creativity",所对应的汉语意思为原创性的、创造一种新事物,或提出相关的"点子""想法"和"理念"等。针对文化创意产品中的创意而言,文化创意产品主要是指依据文化进行创新思维的加工,设计和生产出满足消费者精神和文化需求的产品。所以,文化创意产品中的文化并不是对传统既有文化的一种照搬和简单的复制,而是通过一定经济意识对传统物质文化和精神文化进行再创造,从而适应现代人们的生活方式和审美情趣。

文化创意产品正是通过创意将文化要素融入功能与实用性中,成为可供使用和欣赏的产品。这里的创意与产品设计中的创意有所区别,它更侧重于文化的创意。文化创意产品的创意,不单是满足产品的实用功能,更多的是以巧妙的设计、创新、灵感将文化融入产品感性形式及其使用过程之中,使人们在紧张工作之余得以舒缓压力,增加工作和生活的乐趣。

文化创意产品中的创意并非凭空产生的,而是有其具体的来源,其主要来源有以下三个方面:

第一,来自对生活的关怀和理解。对生活的关怀和理解,包含亲身经历或个人感悟,或是对美好生活的想象,还有的是听别人叙述的故事、浏览的网页等,都会为文化创意产品的创意注入新鲜的养料。

第二,来自对社会的认知和理解。社会是由具体的个人组成的,社会也会以共同的价值观、流行风尚或者一种固定印象影响到每一个人,而每一个人对文化创意产品的选择无疑标榜了一种价值态度和社会阶层定位。因此,文化创意产品的创意必须建立在人们对价值态度和社会阶层的洞悉的基础上。

第三,来自历史的、地域的文化,表现为一种有关自然、地理、风土、人情的文脉,抑或是更进一步的精神层面的信仰、神话、传说等。

(三)体验要素

文化创意产品除了具有有形的价值以外,还具有无形的体验价值,它如同一幅油画一样,除了能够让观者产生视觉上的愉悦,还能获得某种体验性心理感受。这种体验性心理感受依据每个人的经历不同而有所不同,因此它具有潜在性和不确定性的特点。正是这种潜在性和不确定性增加了文化创意产品的魅力。

所谓体验,英文表达为"experience",意指出于好奇而体验事物、感悟人生,并留下印象。这种心理感受能使我们感受到现实中的真实,并在大脑中浮现出深刻的影像,促使我们回忆起深刻的生命瞬间,从而对未来有所感悟。具体到文化创意产品,体验是指用户在使用产品过程中建立起来的纯主观感受,主要体现在以下四个方面:

第一,视觉冲击。视觉冲击是激发文化创意产品体验要素的首要环节。现今的设计越来越强调逻辑、科学和抽象的造型叙事表达,却忘记了通过视觉冲击来刺激大脑皮质，从而引发联想，促使相关的体验。

第二，功能自然。对于自然物而言，功能是与生俱来的，如水的功能存在于其本质的流动性和液态的天然属性，而树叶的功能在于其具有叶绿素能进行光合作用。文化创意产品的功能是一种师法自然，以人在自然界中天然的"人—物"关系为基点，来展开文化的衔接和形式的生成。比如在自然界中人有坐的需求，所对应的产品有千差万别的坐具，如凳、椅、沙发等，但无论哪一种坐具，都应该考虑到人自然放松坐的状态，从而昭示出自然坐的体验。

第三，方式合理。文化创意产品的使用方式是沟通产品和使用者的纽带。方式合理主要体现在要让人们能够读懂产品的操作，要和习惯性认识形成一种文脉联系，以便勾起对过往美好经历的回忆。

第四，内容切合。文化创意产品所附加的文化性内容通过叙事性的设计手法在产品的"移情"中得以实现，达到"抒情的创造和写意的表达"。同时，所附加的文化需要和产品的功能及使用环境的文脉相切合，使体验能够顺利地展开和生长。

（四）符号要素

象征是人类独有的行为，主要指用具体的事物来表示某种抽象的概念或思想感情的行为，它通过使用象征符号来实现象征意义的表达。创造符号是人类与动物的重要区别之一。正如卡西尔所说："人是符号的动物。"特别是在人类进入大众传播时代以后，以报纸、杂志、广播、电视、网络等为代表的现代大众传媒，运用先进的传播技术和产业化的手段，每时每刻都在向人们进行大规模的信息生产和传播活动，使我们的生活环境到处都充满着象征性符号。比如，某人穿了一身蜘蛛侠的衣服，这套服装不仅有蔽体保暖的功能，更重要的是它能表明着装者对该电影的热爱。

在现代传媒的推动之下，产品的符号意义往往比操作、性能等与产品本身相关的内容更需要设计师去揣摩和挖掘。文化创意产品之所以能被冠以文化，是因为其应用产品的造型来表达一种文化内涵，从而使该产品成为承载该种文化的符号。

人与人之间的交流是通过语言、眼神、手势等来完成的，而物与人之间的沟通是通过符号产生的。人们在创造产品功能的同时，也赋予了它一定的形态。而形态可以表现出一定的性格，就如同它有了生命力。人们在使用产品的过程中，会得到各种信息，产生直观的心理感受及生理的反应。文化创意产品正是利用各种创意方法，创造产品形态和产品的使用环境，传达出一种文化。文化创意产品的符号，能够表达出以下三个方面的文化意义：

第一，对流行审美文化的符号表达。消费者通过文化创意产品的造型特征形成感性认识，从而产生相对应的知觉和情绪。在相同地域的同一时期，人们对美丑、稳重、轻巧、柔和、自然、圆润、趣味、高雅、简洁、新奇、女性化、高科技感、活泼感等流行审美文化有着相同的理解。消费者的这种感觉和情绪,也会随着社会文化的改变而变化。

第二,对消费者自身文化符号认同的表达。这种自身文化符号认同的选择,受到消费者自身学识、修养、品位等的影响,表现为一定的生活品位、思想水平和艺术鉴赏能力。文化创意产品正是借助其与环境相互作用之后产生的特定含义,来满足消费者对流行时尚、社会价值观或者某种固定印象的追求。

第三,对历史文化、流行文化或是某种特定文化的符号表达。文化创意产品通过自身的叙事抒情,表达特定的情感、文化感受、社会意义、历史文化意义,或者仪式、风俗等与文化和意识形态相关的意义。文化创意产品的这些内涵,通过图腾、吉祥物、标志、特定图案等组合进行表达。

(五)审美要素

"美"可能是指一种感官的愉悦或生理的满足,也可能是一种赞赏心态的流露或个人趣味的偏好。而文化创意产品的审美更侧重后者,是人们物质生活水平达到一定高度之后,人类有目的、有意识地对"真、善、美"的追求。这种追求是以"感性"作为中介,脱离了那种基于物质与利害关系的理性判断,从而真正回归到关于生活意义和生命价值的自我意识的彰显。文化创意产品的审美要素主要包含以下三个方面:

第一,形式艺术美。文化创意产品的审美离不开感性因素,由点、线、体、色彩等构成了文化创意产品的形式。这些形式构成关系的艺术性,能够与观者内心深处的节奏、韵律、比例、尺度、对称、均衡、对比、协调、变化、统一等形成一种同构关系。这种直观感受与内心情感的同构产生移情,从而与消费者的趣味、审美理想相融合。

第二,功能材料美。文化创意产品的审美离不开功能材料的合目的性。诚如罗兰·巴特评价埃菲尔铁塔的功能与材料时说道:"功能美不存在于一种功能良好结果的感受之中,而存在于在产生结果之前的某一时刻被我们所领会的功能本身的表现之中,领会一部机器或一种建筑的功能美,便是使时间暂时停止和延迟使用,以便凝视其造术。"文化创意产品的功能材料美,是产品给人的舒适感和心理满足。这里的功能材料美就与产品的功能实用性等物质层面相区别,是一种审美价值的表现。

第三,文化生态美。文化生态美不只是表现出人与自然的和谐,更体现着生活方式及社会生活的脉络与系统。文化创意产品的文化生态美主要植根于人们对传统的一种向往,如工业社会给人们带来的高速、效率及身心的疲惫,使人们希望能够实现对传统田园牧歌的回归,在审美的状态中回归人类的精神家园。

第二节　文创产品的创意与实践

在全球经济一体化、知识经济大发展的浪潮下，商品贸易竞争日益激烈。这种竞争逐渐由单纯的技术领先、价格优势等因素，转换为经济、社会、文化等综合因素的竞争。文化创意产品正是以"文化"为核心，突出对文化进行深加工并通过"创意"与现今的生活方式相结合，从而满足人们高层次的需求，达到在国际商品竞争中制胜的目的。我国具有丰富的"文化"资源。如何将这些资源转换为极具竞争力的文化创意商品？这就需要利用创意方法并经由一定的过程才能实现。

一、创意方法

"创意"是现今最为流行的话语，用来形容个体时侧重其思维方式和个人能力，用来形容企业时侧重其产品和核心竞争力，用来形容一个国家时侧重文化与精神的延伸。创造文化创意产品不能只是靠一些口号或者是设计师灵感的闪现，而是需要具体的创新方法，具体体现为以下五种：

（一）头脑风暴法

美国创造学家A.F.奥斯本于1901年最早提出头脑风暴法，又称脑轰法、智力激励法、激智法、奥斯本智暴法，是一种发挥群体智慧的方法。"头脑风暴法"必须明确而具体地列出思考的课题，同时在主持人的召集下，由数人至数十人构成一个集体，这些成员由专业范围较广泛的互补型人才组成。针对文化创意产品而言，一般包含的人员有文化类人才、创意类人才、营销类人才、生产制造类人才等。例如，所委托的项目是开发一款关于三峡的文化旅游纪念品。主持人一开始仅提出"纪念"这一简单、抽象的词语，组员再进行讨论并提出意见，如"拍张照片""收藏当地的特色产品""在当地完成相关体验并留在记忆中"……然后，主持人给出主题——开发一款关于三峡的文化旅游纪念品。组员们根据上面发散出来的想法，继续得出设计概念，如"收藏当地的特色产品"的想法就可以发散出：用三峡的鹅卵石通过手绘的方式，描绘三峡特有的风景；用三峡石制作三峡大坝的等比缩小模型；用三峡地域传统图案装饰具有实用功能的物品，如筷子、钱包、打火机、U盘等。通过头脑风暴法得到的设计概念，能够为具体的产品开发和造型提供相关的创意方向。

(二) 联想法

联想法是一种依据相似、接近、对比等联系思维来进行创造的方法。比如当感受到中国文化时,人们就会联想到诸如唐诗宋词、书法、文房四宝、神话信仰、茶道、自然地理、传统工艺等。这种方法很多时候需要依靠设计师的经验和直觉,但在文化创意产品的具体创作中,更为直接的方法是兼具相似、接近、对比联想的直角坐标组合联想法。这种方法是将两种不同的事物分别写在一个直角坐标的 X 轴和 Y 轴上,然后通过联想将其组合在一起,如果它是有意义并为人们所接受的,那么它将成为一件新产品。例如,要创意一款反映中国传统文化的文化创意产品,设计师就可以在 X 轴上写上青花文化、茶道文化、戏曲文化、神话传统、礼仪文化等,在 Y 轴上写上饰品、灯具、电子产品、玩具、生活用品、办公用品等。如果二者已经结合或者不太可能实现结合则用灰色表示,如果可以结合且市场上还没有此类产品则用红色表示,如果可以结合但实现较难则用深蓝色表示,这样就能一眼看出创意的可能方向,从而促进文化创意产品的创造过程。

(三) 移植法

移植法发源于工程技术领域,是指将某一领域里成功的科技原理、方法、发明成果等,应用到另一领域中的创新技法。例如,鲁班发现带齿的茅草割破了皮肤而发明了锯子;美国发明家 W.L. 贾德森发明的应用于衣、裤、鞋、帽、裙、睡袋、公文包、文具盒、钱包、沙发垫等上的拉链,目前应用于病人刀口的缝合,为需要二次手术的病人减少痛苦。

文化创意产品创意中的移植法,并不是一种科技原理的移植,而是一种情趣、意象、情感等感性成分的移植。比如,设计师对可爱文化有所理解,然后应用色彩、造型及材质将这种情感或是意象转移到具体的产品上,让使用产品的消费者也产生同样的感觉。

(四) 设问法

设问法主要针对已存在的文化创意产品提出各种问题,通过提问发现原产品创意及设计方面的不足之处,找出需要和应该改进的地方,从而开发出新的文化创意产品。设问法主要有"5W2H 法""奥斯本设问法""阿诺尔特提问法"等。在文化创意产品设计当中,比较常用的是"5W2H 法"。

"5W2H 法"是从七个方面进行设问的。因为七个方面的英文首字母正好是 5 个"W"和 2 个"H",故而得名,即 Why——为什么要革新、What——革新的具体对象是什么、Where——从哪些方面着手改进、Who——组织什么人来承担、When——什么时候进行、

How——怎样实施、How much——达到什么程度。

同时,"5W2H 法"同样可以作为创新产品的设计方法,只是所思索和追问的问题有所不同,其字母的具体含义也不一样。在创新设计中,该方法的含义为:Why——为什么要进行这个设计,Who——什么人使用,When——什么时候使用,Where——在什么地方使用,What——什么产品或者服务,How——如何使用、,How much——产品或者服务的价格是多少。对这七个问题的不断思索和回答的过程,就是对新产品概念不断形成的过程。

(五)模仿创造技法

模仿创造技法是指人们对自然界各种事物、事物发生过程、现象等进行模拟和科学类比(相似、相关性)而得到新成果的方法。所谓"模拟",就是异类事物间某些相似的恰当比拟,是动词性的词。所谓"相似",是指各类事物间某些共性的客观存在,是名词性的词。人的创造源于模仿。大自然是物质的世界,自然界的无穷信息传递给人类,启发了人的智慧和才能。对于要体现历史、地理、传统习俗等文化内涵的文化创意产品,常采用模仿的方式来进行形体的塑造。

二、创意过程

当我们接受一个新的文化创意产品的设计项目时,首先要考虑的是文化创意产品的概念问题。通常情况下,我们将开发新产品的概念分为:文化产业衍生产品、文化生活用品、传统工艺品与饰品、时尚产品等。针对不同的产品,设计师将采用不同的设计策略和方法,但是文化创意产品的创意过程是一致的,一般包含以下五个步骤:

(一)认识问题,明确目标

在文化创意产品设计工作中,通常会遇到这样的情况,即随着设计的开展与深入,大量的信息和问题就会出现,而这些问题让你无从下手。所以,我们必须在设计一开始,就要弄清楚创意产品存在的问题及问题的组成和结构。

要弄清楚上述问题,必须将其放置于"人—产品—文化—环境"这一系统中。这个系统中主要涉及人的文化与审美需求,产品如何承载文化及承载什么样的文化。而系统中的"环境"主要包含产品系统环境及社会人文环境。只有在这个系统之内考虑文化创意产品的设计,才能完全确定设计问题的存在形式,进而明确设计目标。

(二)设计研究,分析问题

进行设计研究、分析问题,设计市场所需要的文化创意产品,是每位设计者都清楚的流程。设计活动不是封闭的自我包含的活动，而是在市场竞争中，由设计师综合人、市场竞争、产品机能、审美、社会文化等诸因素进行编码，然后在市场销售中由消费者进行解码的符号性活动。对于文化的编码必须站在消费者认知的角度进行，所以要应用创意方法将文化的内涵与当代的生活方式、审美情趣、文化心态相结合。

设计的成功与否，关键在设计师的编码和消费者的解码过程是否统一。如果消费者能够在文化心态和审美趣味等方面认同产品，那么这个设计是成功的，反之则是失败的。要使设计取得成功，设计师就必须站在消费者的角度对文化创意产品的诸要素进行分析，力求在设计中将要涉及的问题分析透彻，做到心中有数。

（三）概念展开，设计构思

在设计研究和分析问题的基础上，设计师会针对存在的问题提出解决问题的各种设想。这种提出解决问题设想的过程就是设计想法产生的过程。设计师对设计进行构思的想法越多，获得好的文化创意产品的可能性也就越大。在设计过程中，设计师往往借用一定的创意方法，利用草图展开自己的设计构思。这些草图有以下设计表达方式：

利用草图进行形象和结构的推敲，将思考的过程表达出来，以便设计师之间进行交流及后续的构思、再推敲和再构思。

草图更加偏重于思考过程，一个形态的过渡和一个小小的结构往往都要经过一系列的构思和推敲。而这种推敲单靠抽象的思维是不够的，还要通过一系列的画面辅助思考。

草图的表达大都是片段式的，显得轻松而随意。但是，针对文化创意产品设计而言，构思需要图解为三个层次，即创意概念构思、象征符号构思和感性审美构思。

1. 创意概念构思

从整体的角度检视轮廓、姿势及被强调的部分，主要是看对于所理解的"文化"是否通过色彩、形体、线条等得以表现；通过用创意方法，"文化"与当下"生活方式"是否得到了很好的结合；在设计研究阶段所遇到的设计问题是不是得到了很好的解决。如果对于以上问题的回答都是肯定的，那么该设计方案就对设计概念进行了很好的诠释。

2. 象征符号构思

在创意概念的基础上，对设计所采用的具体设计元素进行符号化的加工，站在消费者对符号解读的基础上，进行符号设计的创造并融于创意概念之中。具体而言，象征符号构思就是审视立体的成分与面的构造来决定物体的特征性及图样，表现出体量感，以便进行细致的构思推敲。

3. 感性审美构思

最后一步是对文化产品的视觉方面进行处理，应用形式美的法则和审美流行趋势对表面的精致线条、配色、质感等进行处理，精心处理产品的细部，展现设计创意的魅力，使整体达到最佳的效果。

（四）设计展示，设计评价

一个设计项目在经过了概念展开和设计构思之后就是对设计进行展示。设计展示是要将一个完整的设计呈现在大众的面前，要能够充分展示设计创意。设计评价是指在设计过程中，对解决设计问题的方案进行比较、评定，由此确定各方案的价值，判断其优劣，筛选出最佳设计方案。设计评价的意义在于：首先，通过设计评价，能有效地保证设计的质量，而充分、科学的设计评价能使我们在众多的设计方案中筛选出满足目标要求的最佳方案；其次，适当的设计评价能减少设计中的盲目性、提高设计的效率。在文化创意产品设计中，设计评价有以下三个特点：

1. 评价项目的多样性

文化创意产品设计涉及的领域极广，考虑的因素非常多，较一般产品设计更不简单。因此，在设计评价的项目中，必然要包含更多的内容、涉及更多的方面，特别是对于文化性、创意性、体验性、符号性、审美性等指标要重点考虑。

2. 评价判断的直觉性

由于文化创意产品设计评价项目中包含许多审美性精神或感性内容，在评价中将在较大程度上依靠直觉判断，即直觉性评价的特点较为突出。

3. 评价结果的相对性

正是由于评价中的直觉判断较多，感性和个人经验的成分较大，文化创意产品设计的评价结果较多地受个人主观因素的影响，特别是评价者自身的文化背景和价值取向很容易影响到评价的结果，更具相对性，这是值得重视的。

在通常情况下，我们可以根据多个个人评价的数值形成坐标进行分析和评估。评定标准中的每一项满分为 5 分，围成的面积越大，则该方案的综合评定指数就越高。

（五）模型制作，生产准备

模型的制作在形态上要求有真实产品的效果，因此产品各部分的细节要表现得非常充分，使设计师能更有效地在产品细部方面做进一步推敲与修改，有利于设计概念的进一步完善，同时为后续的数字模型的生成提供参考，以便最终投入实际的生产。当然，有些纯手工制作的文化创意产品是不需要这一步的，而是在创意定稿以后直接进行生产。

第三节　文创产品中的体验的引入

　　社会的进步和经济的发展促使人们消费需求逐渐转变。人们希望得到个性化的产品，同时希望产品可以给人们带来愉悦、快乐的体验。这些市场的发展趋势对文化创意产品设计提出了新的要求与挑战。文化创意产品设计不能忽视市场的消费需求和发展趋势，它不是简单的产品设计工作，应该进行市场调研、消费需求分析、相关产品资料的收集等方面的工作。

　　目前，有许多文化创意产品设计的案例从表面上看吸引了大众的关注，但实际上却没有赢得市场，其失败的原因主要是设计师过度相信自己的设计灵感和创意，却没有充分地考虑针对市场的调研工作。这种错误的设计方式直接导致许多设计出来的产品只是外观造型设计得新颖，却得不到消费者的肯定。

　　在体验经济来临的时代背景下，体验的融入改变了产品传统的状态，使本来就普通、乏味的产品重获新生。体验是以消费者的需求为出发点的，充分分析、寻找消费者的真正需求，通过体验的设计使产品与消费者产生互动，改变了产品被动的使用状态，让消费者可以在使用产品的过程中体验更多的快乐，同时得到情感层面的满足。文化创意产品设计是建立在创意的设计思维和深厚的传统文化的基础上的创新产品设计活动。在体验经济来临的背景之下，设计师需要将体验融入文化创意产品的设计之中，让文化创意产品真正地满足现代消费者的需求，通过体验的设计赋予文化创意产品崭新的力量，创造出新的产品价值与商业价值。

一、通过体验提升文化创意产品的互动

　　将体验的要素引入文化创意产品设计，可以突出文化创意产品的互动。传统的产品总是在被动的环境下被人使用，而这种被动的状态导致产品与使用者之间无法产生良好的互动性。许多产品由于设计定位的错误导致连基本的使用功能都不具备，更无互动性可言，其结果也必然被市场淘汰。将体验引入产品设计可以使产品操作具有体验性，让消费者在使用产品时可以与产品有一种互动的交流，让人们在使用产品的过程中感受到愉悦。

　　文化创意产品不单单是普通的产品，它承载着传统的文化内涵，因此体验的设计要突出文化特征，在产品的使用中将文化性的信息通过使用的方式传递出来，让使用者感受到产品深层次的文化底蕴，如使用者在接受文化熏陶的同时进一步提升自己的

文化素养。根据不同的产品类型和不同的定位来设计不同的产品使用方式，同时还要与文化的主题保持一致性，这样才能设计出符合特定文化主题的文化创意产品。

二、通过体验突出文化创意产品的个性

将体验的要素引入文化创意产品的设计，可以突出文化创意产品的个性。个性化的产品更容易受到消费者的青睐，就好像是一个充满个性的人总能成为大家瞩目的中心。个性是一个相对抽象的阐述。文化创意产品应该怎样将"个性"这一概念转变为物化的特征呈现给消费者，这需要文化创意产品在为消费者提供体验的同时，要围绕中心主题。这一主题可以让文化创意产品的设计始终有一条主线贯穿其中，也为体验找到了切入的方向，最终使人们可以感受到文化创意产品的个性特征。文化创意产品的主题含有产品的设计理念，经过长期在产品中的设计应用显露出来，而文化创意产品的个性也在这时呈现在消费者面前。

产品体验的主题应该与人们的需求相对应，所以对消费者的调研分析是十分重要的，如性别、年龄、收入水平、兴趣爱好等都是调研的重点问题。在与市场上同类产品进行竞争时，需要分析竞争产品的特点，寻找自己的主题定位，找出与竞争产品不同的主题特征。个性不一样的产品配以一类体验的主题，突出恰当的主题是产品推向市场的重要环节。假使没有准确的主题定位，人们就无法看到产品的突出特征，也无法获得主题的体验感，最终产品难以给消费者留下深刻的印象。

文化创意产品的造型设计是体验主题的物化表现形式，是从概念提出到产品表现特征的转化过程。它受到产品主题的影响，将消费者的需求要素融入设计之中，运用设计的手段来展现个性的产品特征和与众不同的审美感受。文化创意产品设计需要整合各种感官体验进行设计，通过给消费者带来感官的体验强化产品的主题，同时给人们留下深刻的印象。

三、通过体验增强文化创意产品的感受

将体验的要素引入文化创意产品设计，可以突出文化创意产品的使用感受。消费者在使用产品的过程中是否获得良好的体验感受，是文化创意产品设计的重点之一。好的产品体验会给消费者带来愉悦的心情，其良好的产品形象也会被消费者记忆。糟糕的产品体验会给消费者带来沮丧的心情，其糟糕的产品形象也会被消费者记忆。最终，消费者会选择购买具有良好体验的产品，并形成对品牌与产品的深刻印象。

良好的产品体验是通过对目标消费者群体研究后做出的设计，同时还要考虑产品材质的应用、颜色的选择、采用何种使用方式等问题，这些因素都会影响消费者在使

用产品时的感受。当品牌和产品的良好形象树立在消费者脑海中时，消费者会建立一种对品牌和产品的认知观念，品牌的忠诚度随之建立。这样，产品就赢得了消费者的肯定并牢固地占领市场的份额。

第八章 基于体验经济的文创产品设计方法和理论

第一节 体验经济概述

一、体验概念之辨析

关于体验的解释，不同的学科有不同的视角，当然也就形成了各种各样的解释。其中，最常见的是哲学、美学、心理学、文化学等学科对体验的阐释。哲学观点认为，体验是人的一种认识方式，是通过体验的方式达到对物质世界的感性及理性认识。例如，我们读一篇美文、领悟一种思想或参加一项活动，从中获得某种知识和感悟，像这样的直接体验或是间接体验便是人们认识和了解世界的主要方式和活动。从心理学来讲，体验主要侧重于人的大脑活动对外界刺激所做出的一种综合的感官反应，归根结底是人的一种心理活动。但在体验经济的大背景下，反观前面关于体验的解释，似乎不足以完全包含体验含有的其他内容。

从个体的行为活动来讲，体验是个体所发出的一种行为活动，是个体与外界环境发生关联之后，经过感官刺激和思维加工之后的一种心理状态和感觉记忆。但并不是所有的事物都可以使人达到一种体验状态，对于作为主体的人来说，司空见惯或是早已内化为"常识"的事物是很难使人产生体验的。因此，相对于"平常"的感觉而言，体验是深层的、高强度的或难以言说的瞬间性生命直觉，是融汇到过程中并且与外物达到契合的内心世界的直接感受和顿悟。

在体验经济中，体验不仅是消费者和生产者的行为活动和内心世界的感悟，还是能够产生经济价值的商品。尤其是作为提供商品的生产者，努力营造更加舒适、独特的消费环境，不断开创新的消费方式，便成为生产"体验"这一特殊消费品的主要途径。而作为消费者，在进行日常消费的同时，自然地附加了体验的要素。于是，在这种情况下，哪怕一次简单的消费行为，也是集购物、感知及意义生成等主观活动于一体的复杂过程。因此，我们可以看到，在体验经济背景下，体验不但是个体的一种心理过程，而且是集主体的行为及思维活动、个人主观感知和顿悟与商品的提供等于一体的庞大综合体。尤其是以符号消费和精神消费为主要内容的文化产品，更是具有这样的特征。

二、体验经济的含义

要了解体验经济，我们就要先明确什么是体验。"体验事实上是一个人达到情绪、体力、智力甚至是精神的某一特定水平时，在意识中所产生的美好感觉"。这是在《体验经济（修订版）》第17页中关于体验的定义。体验者内心的收获具有独特性，"商品、服务对于消费者来说是外在的，但是体验是内在的，存在于个人心中，是个人在形体、情绪、知识上共同参与的所得，来自个人的心境与事件的互动"。"体验经济作为经济形态的新阶段，是服务经济的一种延伸，它出现的背景是一个物质极度丰富、科学技术高度发展的时代"。体验的独特性就在于："（体验的）结果是没有哪两个人能够得到完全相同的体验经历，因为任何一种体验其实都是某个人本身心智状态与那些筹划事件之间互动作用的结果。"

那么，什么是体验经济呢？在《体验经济（修订版）》中并没有明确的定义，但根据该书的观点，可以这样归纳：以体验作为经济提供物（或者叫经济产生基础）的经济形态。简单地说，体验经济就是生产商生产"体验"，销售给用户的一种经济形态，其特征在于消费是一个过程，而消费者是这一过程的"产品"，因为当过程结束的时候，记忆将长久保存对过程的"体验"。消费者愿意为这类体验付费，因为它美好、难得、非我莫属、不可复制、不可转让、转瞬即逝，"体验"的每一个瞬间都是一个"唯一"。从更宏观的角度来看，这也是"商品"的买卖关系，只是"商品"的定义范围被进一步扩大，将"体验"也包含在内。

体验经济时代就是指这种经济形态成为经济的主流时期。体验经济在中国成为主流了吗？坦率地说，它目前还没有成为中国经济的主流。

三、体验经济的产生背景

如今的管理学体系有着以下视角：一是从生产运作的角度切入企业整体管理和运行。这实质上是一种以生产为主要目标整合企业相关资源进行管理的理念。在这种理念指导下，企业一切管理行为和措施都围绕着如何生产出更好、更多的产品，即提升生产效率。而企业营销和广告管理等工作的基本出发点就是体现企业的产品质量，帮助完成其生产能力所对应的销售目标，有效地沟通企业对市场的产品信息。二是从成本管理和资本运作的视角对企业进行开源节流的管理理念。在这种理念的影响下，产品和服务成本根据具体企业确定的产品和服务的种类进行核算，而成本的其他部分又演绎出关于企业的定位及产品的定位,并最终整合企业营销资源,分配在营销组合(产品、定价、促销和渠道)的各个方面。三是从企业文化与组织价值观的视角来安排企业管理的各个职能与流程。这个企业为什么而存在?企业的使命是什么?由此使命决定的企业内部和外部行为准则、流程与制度将分别与企业的主流价值观或企业主要管理者的价值观进行匹配,并由此演绎出企业的各项管理措施与管理细节。当然,还有所谓的人力资本视角与市场营销视角。

在这些视角中,管理者总是将自我认识的市场和管理重心进行解读和资源配置,却经常忽略了消费者的意见与参与。正如不少攻击科特勒市场营销体系和观念的学者所认为的,现今的营销是披着市场需求外衣的生产销售导向的骗局,其实质是一种以某一管理职能为主导的管理思路。因为在这个体系中,并没有任何体现消费者参与和意见的环节,忽略了消费者的个体意愿,孤立了企业各个职能部门,是真正的"营销近视"。也正如早在1986年美国学者克朗普顿和莱姆所质疑的那样,我们现今的管理未能解决两个重要的问题,即我们(管理者)为什么要做现在所做的一切?我们现在做的和5年前有什么不一样?

今天迅猛的市场变化已经使昨天的知识和技能不断地过时。相对独立的职能管理模式已经不再适应当今日新月异的变化,并且阻碍了公司中各个部门共同参与到提升顾客满意度的工作中。1994年,一本名为《基业长青》(*Build to Last: Successful Habits of Visionary Companies*)的管理学著作横空出世,书中跟踪并记录了众多成功的"百年老店"式的企业。在收集、整理和提炼这些企业管理共性之后,作者指出其企业文化是强大的,经营远景是明确的,同时企业管理制度是统一且坚持的,因此具备核心竞争力,企业也由此才能达到所谓的"基业长青"。此书一出,便引起了管理学界的共鸣。一时间,"核心竞争力"成为热词,受到广泛认同并被推崇。《福布斯》杂志评论该书为20世纪20本最佳商业畅销书。然而时隔4年,1998年有人对该书所提企业进行了回访,发现这些公司中的80%并不盈利,而且其中40%已经宣布破产或被并购。由此,有人建议另写一部与此书内容相反的书,名为《基业常变》(*Build To Change*),来反映当今市场变化的激烈形势,因为在当今市场,唯一不变的就是变化。

四、体验经济的来临

1970年,著名未来学家阿尔文托夫勒在《未来的冲击》一书中提出,继服务业之后,体验业将成为未来经济发展的支柱。但是,这一说法在当时没有得到足够的认可,并逐渐被经济理论界淡忘。直到1998年,美国经济学家B.约瑟夫·派恩与詹姆斯·H.吉尔摩在同年《哈佛商业评论》7—8月号期刊上撰文《欢迎进入体验经济》,并随后于1999年出版《体验经济》一书,专门对体验经济进行论述,才引起了人们的关注。《体验经济》一书阐述了体验的经济含义和价值、体验经济活动的类型和阶段,以及体验经济产品的设计。

派恩和吉尔摩将体验经济解释为"一种企业以服务为舞台,以商品为道具,以消费者为中心,创造能够使消费者参与、值得消费者回忆的活动的经济形态"。他们认为,继农业经济、工业经济、服务经济之后,体验经济已逐渐成为第四个经济发展阶段。派恩和吉尔摩把体验经济同产品经济、商品经济和服务经济做了如下比较(见表8-1)。

表8-1 不同经济类型的比较

项目经济类型	产品经济	商品经济	服务经济	体验经济
经济提供物	产品	商品	服务	体验
经济	农业	工业	服务	体验
经济功能	采掘提炼	制造	传递	舞台展示
提供物的性质	可替换的	有形的	无形的	难忘的
关键属性	自然的	标准化的	定制的	个性化的
攻击方法	大批储存	生产后库存	按需求传递	在一段时间后披露
卖方	贸易商	制造商	提供者	展示者
买房	市场	用户	客户	客人
需求要素	特点	特色	利益	突出感受

在派恩和吉尔摩看来,体验就是以商品、产品为媒介激活消费者的内在心理空间的积极主动性,引起消费者内心的热烈反响,创造出消费者难以忘怀的活动。于是,体验经济要求经营者的首要任务是把整个企业运作过程当作一个大戏院,设置一个大舞台。这个舞台的表演者说不定就是消费者自己,吸引消费者参与,使消费者感同身受地扮演人生剧作的一个角色,沉醉于整个情感体验过程中,从而得到满足,进而心甘情愿地为如此美妙的心理感受支付一定的费用。因此,无形的体验能创造出比产品或服务本身更有价值的经济利益。在体验的过程中,消费者珍惜的是因为参与其中而获得的感觉。当产生体验的活动结束后,这些活动所创造的价值会一直留在曾参与其中的个体的记忆里,这也是其经济价值高于产品或服务的缘故。换言之,企业在体验经济中扮演的角色,已经从实体产品提供者转变成体验创造的催生者,而这种以体验为主的经济形态称为体验经济。时代发生了变化,人们的经济消费形态也势必会产生变化。

体验,事实上是当一个人达到情绪、体力、智力甚至是精神的某一特定水平时,其意识中所产生的美好感觉。如果体验经济的实质是产生美好的感觉,那么体验经济的发展及人们对它的认识,将是人类经济生活在21世纪的一场最为深刻的革命。因为人类有史以来的经济活动都是以谋取物质利益为直接目的,而体验经济是以产生美好感觉为直接目的,突出了表演性,这是一个值得人们思考的变化。

五、顾客体验的构成维度

在伯恩德·H.施密特的《体验式营销》一书中,从心理学、社会学、哲学和神经生物学等多学科的理论出发,把顾客体验分成感官体验、情感体验、思考体验、行动体验和关联体验五种类型,并把这些不同类型的体验称为战略体验(见表8-2)。

表8-2 消费体验的构成难度

体验模组		刺激目标与方式
个人体验	感官体验	感官是以视觉、听觉、嗅觉、味觉与触觉等感官为媒介产生刺激,并由此激励消费者区分不同的公司与产品,引发购买动机和提升其产品价值
	情感体验	刺激顾客内在的情感及情绪。大部分自觉情感是在消费期间发生的。情感营销需要真正了解什么刺激能触动消费者内在的情感和情绪,并在消费行为中营造出特定情感以促使消费者的自动参与积极性
	思考体验	刺激的是消费者的思考动机,目标是创造消费者解决问题的体验。通过知觉的注意和兴趣的建立,来激励顾客进行集中或分散的思考,积极参与消费过程,更好地使情感转移
共享体验	行动体验	影响身体行为的体验,强调互动性。涉及消费者的身体的体验,让其参与到消费的过程中并感受其行为带来的刺激
	关联体验	关联体验包括体验的感官、情感、思考与行动等各个方面。关联影响不同个体的交流沟通,并结合个体的各自体验,让个体与理想的自我、其他人或所在文化产生关联。关联体验之所以能成为有效的体验,是因为特定环境中的社会文化对特定的消费者产生相互的作用

施密特提出的策略体验模组量表,可评价消费者对各体验形式的体验结果,并可以衡量结果得知特定体验媒介是否能产生特定的体验形式。

除了施密特对体验维度构成进行了研究之外,其他一些学者也进行了大量相关的研究,如派恩、吉尔摩根据顾客的参与程度(主动参与、被动参与)和投入方式(吸入方式、沉浸方式)两个变量将体验分成四种类型,即娱乐、教育、逃避现实和审美。其中,娱乐体验是顾客被动地通过感觉吸引体验,是一种最古老的体验;教育体验包含了顾客更多的积极参与,如要开阔一个人的视野,增长其知识,教育体验必须积极使用大脑和身体;逃避现实体验是顾客完全沉溺其中,同时是更加积极的参与者;审美体验是顾客沉浸于某一事物或环境中,而他们自己对事物环境极少产生或根本没有影响,因此环境基本上未被改变。派恩和吉尔摩认为,单一的体验类型很难使顾客体验丰富化,最丰富的顾客体验应该包含四种顾客体验的每一种类型,而这四种顾客体验类型的结合点就是"甜蜜的亮点"。

六、体验经济的基本定义

纵观人类社会的发展史,人类社会已经从产品经济时代发展到服务经济时代,再到如今的体验经济时代。约瑟夫·派恩与詹姆斯·吉尔摩 1998 年在美国《哈佛商业评论》上发表的《欢迎进入体验经济》一文中说,如今体验经济时代已经来临,经济形态已经从农业经济、工业经济、服务经济演变成体验经济。传统的经济形态主要是注重产品的功能强大、外形美观,而现在的趋势则是从生活与情境出发,塑造感官体验及思维认同,以此抓住消费者的注意力,改变消费行为,并为产品找到新的生存价值和空间。体验经济时代,产品的价值不再是体现在产品的功能或服务中,而是体现在"体验"之中。

随着社会的发展和人们生活水平的提高,人们更加关心的是生活的质量。在物质需求得到极大满足的情况下,人们更多追求的是自己在心理上乃至精神上的满足。这便有了体验经济,它是继农业、工业、服务业之后的又一种新的经济形式,主要强调产品带给消费者独特的审美体验、快乐价值,创造长期留在消费者脑海中的记忆,并使消费者拥有美好的感觉和愉快的回忆体验。

经济形态已经从过去的农业经济、工业经济、服务经济向现阶段的体验经济转变。这种经济形态的转变,就像母亲给小孩准备生日蛋糕的进化史一样:在农业经济时代,母亲是拿自家生产的面粉、鸡蛋等原材料,亲手做蛋糕,从头忙到尾,成本还不到 1 元;到了工业经济时代,母亲到商店里花上几元买混合好的盒装蛋糕回家,自己烘烤;进入服务经济时代,母亲是向蛋糕店订购做好的蛋糕,并花上十几元;而进入体验经济时代,母亲不再烤蛋糕,而是花几百元将生日活动外包给专业的公司,请他们为小孩办一个难忘的生日晚会,带来更多的愉快体验,留下美好的回忆。从纯粹的原材料(产品)、半成品(商品)、做好的蛋糕(服务)到举办生日晚会(体验),说明人们已经进入了体验经济时代,因为消费者越来越发现这种经济更接近于他们的消费欲望。

约瑟夫·派恩与詹姆斯·吉尔摩对体验经济做出了定义:体验经济就是指企业以服务为重心,以商品为素材,为消费者创造出值得回忆的一种全新经济形态。

传统的经济形态主注重产品的功能和外形,而在体验经济语境下,从生活与情境出发,塑造感官体验及思维认同,以此吸引消费者眼球,改变消费行为。体验经济语境下产品的价值不再体现在产品的功能或服务中,而是更多地体现在消费者身临其境的"体验"中,让其参与其中、乐在其中。

七、体验经济的性质

如同服务经济从商品经济中分离出来一样,体验经济是从服务经济中分离出来的。体验本身代表着一种已经存在但先前并没有被清楚表述的经济产出类型,它作为一种独特的经济提供物,将为我们提供开启未来经济增长的钥匙。所谓的体验,是使每个人以个性化的方式参与其中的事件,是当一个人达到情绪、体力、智力甚至精神的某一特定水平时在意识中产生的美好感觉。体验策划者不再是仅提供商品或服务,而是要提供最终的体验,充满了感性的力量,给顾客留下难忘的愉悦记忆。换句话说,农产品是可加工的,商品是有实体的,服务是无形的,而体验是难忘的。

可以认为,体验经济是一种全新的经济形态。它的提出,指明了经济社会发展的方向,孕育着消费方式及生产方式的重大变革。适应体验经济的快慢,将成为企业竞争胜负的关键。体验经济具有以下十大特征:

(一) 终端性

现代营销学应注意的一个关键问题是"渠道",即如何将产品送到消费者手中。一般来说,在生产环节中,制造单元的供求关系形成了"供应链",商业买卖关系形成的是"价值链"。其中,"客户"是一个重要的概念。但是,所谓的"客户"既可以是自然人,也可以是法人、单位或机构;既可以是上游单位,也可以是下游单位,还可以是"客户的客户",或泛泛的关系户。那么,这种渠道和链条的方向究竟是什么?体验经济明确指出是最终消费者,是作为自然人的顾客和用户。如果说目前企业与企业之间的竞争已经转换为供应链与供应链之间的竞争,那么体验经济强调的是竞争的方向在于争夺消费者。体验经济聚焦于消费者的感受,关注最前沿的竞争。

(二) 差异性

工业经济和商品经济追求的是标准化。这不仅要求有形产品的同质性,也要求制造过程的无差异性,但在服务经济中已经表现出相反的倾向。这是因为最终消费者的情况千差万别,企业要满足不同顾客的需求,就必须提供差别化的服务。实际上,在产品层次上也体现出个性化的趋势,如服装、鞋子的电脑测量制作。人们可以买印有普通明星头像的挂历,也可以要求制作印有家人头像的挂历;茶杯刻上主人的名字就能卖个好价钱;自己动手制作、修理家具或进行其他家务劳动(DIY)日益普及;在电话卡、交通卡上印制特定图案当作纪念品送人;戴尔根据个人选定的配置组装电脑送货上门;写有特定祝福语句的生日蛋糕受到广泛欢迎;等等。总之,无论是产品还是服务,市场分层的极端是因人而异的个性化,是对标准化的哲学否定。

（三）感官性

最狭义的"体验"就是用身体的各个器官来感知。这是最原始、最朴素的体验经济的内涵。旅游是一种体验，坐在家里看电视风光片仅使用了眼睛，实际爬山眺望要用上四肢；动感影院不仅要用眼睛，更要用整个身体来感受；听音乐会与自己唱卡拉OK有所不同；听广播与看电视不同；看电视转播球赛与亲身到现场观看皇马比赛，当个球迷疯狂呐喊也不相同；去迪士尼乐园、游乐场、野生动物园；去健身、骑马、滑雪、攀岩、冲浪、蹦极；玩模拟足球赛游戏机、模拟投资沙盘；到京郊生存岛学习制作蜡染、豆腐等；逛主题公园、工业旅游、农家游、采摘、钓鱼等，都是体验。在楼顶旋转餐厅可以边吃边看风景；在英国的主题餐厅，人们一边吃着食品，一边观看戏剧演出，甚至掀起了"人浪"大赛。这些都调动了人的感官，从而增加了体验的强度。

（四）知识性

消费者不仅要用身体的各个器官感知，更要用心来领会。体验经济重视产品与服务的文化内涵，使消费者能增加知识、增长才干。现在，发达国家的银行已经将取款、存款、转账等业务交给自动柜员机去做。在银行窗口，工作人员主要是为客户提供家庭理财咨询。从学习、咨询、顾问的功能上来看，学校与医院是体验经济的重要阵地。

（五）延伸性

现代营销的一个基本理念是"为客户的客户增加价值"，即认为企业所提供的产品与服务只是顾客需要的某种手段，还必须向"手段—目的链条"纵深扩展。因此，人们的精神体验还来自企业的延伸服务，而这些服务包括相关的服务、附加的服务、对用户的服务等。例如，百货公司对大件物品送货上门，对耐用消费品的售后维修服务，旧品的以旧换新和升级换代，根据买房客户的不同需求提供装修、看护、增值的服务，买建材家具用品赠保洁服务等。这里的延伸性还包括满足人们的深层次需求。例如，麦当劳在圣诞节让进店的孩子们先签名留念，使孩子们得到精神上的满足。

（六）参与性

消费者参与的典型是自助式消费，如自助餐、自助导游、自己制作（DIY）、自己配制饮料、农场果园采摘、点歌互动等。实际上，消费者可以参与到供给的各个环节中。例如，企业进行市场调查，让消费者参与设计；日本政府曾发出通知，要求家电用品的说明书由家庭主妇参与编写；参加全美NBA明星赛的球员由大众投票产生；等等。

(七)补偿性

在顾客参与方面有参与监督。企业提供的产品与服务难免有消费者不满意的地方,甚至对消费者造成伤害或损失,这时需要很好的补偿机制。比如,许多企业通过电话回答顾客问题、接受投诉和征求意见;有的商场准备了专项基金用于对消费者损失的快速赔偿;有的商场在各个楼层都设立了退换货室,提出了便利的退换货承诺,让消费者买得放心;国外有的机场准备了专门的投诉室,供不满意的乘客投诉;等等。

(八)经济性

消费者的经济性表现在搜寻比较费用、最初购买价格、付款条件、使用中的消耗与维修费用等许多方面。网上查询极大地降低了搜索费用。商家确定价格时可能采取许多方式,如搭售、买一送一、买100元送30元、抽奖等。例如,有的商家卖手机时说买1部可以赠送90元购物券,实际上是3张30元的券,用该券只能购买规定的几个品种,而且每次购买只能用1张券,但这些商品在外边买只要几元,商场里却卖到几十元,这样只能给人们带来负面的体验。

(九)记忆性

上述特性都可能会导致一个共同的结果,就是给消费者留下深刻的记忆。留下美好的回忆,是体验经济的结果性特征。在这方面完整的例子有很多。例如,一位顾客在超市不慎将存包的铜牌丢失,服务员在核对包内物品后,予以放行并收取了2元的押金,商场捡到铜牌后,特意打电话通知那位顾客取回2元押金;有位旅客在伦敦火车站遇到列车中途停车晚点40分钟,列车免费提供饮料,还提供免费电话让乘客使用。

(十)关系性

以上主要涉及的是一次性消费的情况。从长期的角度来看,企业也要努力通过多次反复的交易使双方关系得到巩固和发展。如同人与人之间需要友情一样,企业与消费者之间也需要形成朋友关系,实现长期的互赢,如航空公司设计了旅客里程奖励制度,消费越多回报越大。多重身份也是关系化的重要表现,如传销就是将用户与推销结合起来,使消费者进入销售链中。更为组织化的形式有会员制商店、产权式公寓、消费合作社等,使消费者不仅是单纯的客户,还增加了产权关系,成为所有者。

上述体验经济的各项特征只是拆借开来的理论分析,事实上,它们并不是完全孤立的存在,而是相互联系、相互结合地起作用。

第二节 基于体验经济的设计思维

《体验经济》一书使人们意识到继产品经济、商品经济和服务经济之后，一种新的经济形态——体验经济正在向我们走来。体验经济虽然出现的历史不长，但已得到了巨大的发展，尤其是在经济发达的地区和国家更是如此。在体验经济时代，生产和消费都以"消费者的体验"为核心，商品成为创造体验的"道具"，而服务则是展示体验的"舞台"。相比生产商品和提供服务，对企业来说更为重要的是创造美好的消费体验。消费者购买和消费的不再只是具体的商品和服务，而是更为关注其中所承载的无形的体验和情感。作为生产和消费之间联系纽带的设计，在体验经济时代也必将以体验为先导，以创造良好的消费体验为核心，呈现出不同于以往的新的设计思维和方法。

一、存在的本质在于体验

体验对我们来说并不陌生，我们每天都在感受和体验着所生存的这个世界。"人生的旅程不在乎目的地，而在乎沿途的风景"，存在的本质就在于体验。生活一天，我们就体验着这个世界一天。

那么，究竟何为体验呢？简单地说，体验是人们对所经历的事、物及环境在生理、心理上的综合感受和情感升华。体验虽是无形的，却是真实可感的。丰富而独特的体验不仅可以充实我们的人生经历、改善我们的生活质量，还可以滋润我们的心灵、提升我们对生命的感悟。

体验并不是凭空产生的，外在刺激是体验发生的基础。如果无法对外界刺激产生感知，也就无从去体验什么了。从人的感觉通道来看，体验可分为视觉体验、听觉体验、触觉体验、味觉体验、嗅觉体验等。实际的体验往往是多种感觉的综合体验，如欣赏电影大片时的视听体验，游览主题公园时的视、听、触、运动等的综合体验。这种对外界刺激的直观感知常被人们称为感官体验，是人们对所经历的事物和环境所产生的即时反应，是一种表层体验。这种表层体验往往不能长久。如果无法上升到心理和精神的层面，转化为更深层次的情感体验，感官体验很容易就会被遗忘，从而无法给人留下深刻的印象并长久留存于人们的记忆中。

只有那些能够让人全身心投入、触动人的心灵并引发认真思考的体验，才能超越感官层面上升到情感体验的层次，获得人们的心理认同，并深深地存留在人们的记忆中，令人难以忘怀。情感体验是一个非常复杂的过程，是人在与外部事物和环境的互动过程中的心理感悟和情感升华，不仅与所经历的事物和情境有关，更与人们的心智状态、社会经历和文化背景等密切相关。这是一个带有较大主观性的个性化过程。不同的人由于其心智状态的不同，对相同的经历和情景会产生不同的情感体验，而同一个人在不同的时空情境下，对相同的经历也会有不同的心理和精神反应。

二、经济形态演变与设计发展的辩证关系

设计是既具艺术性又有经济性的一种实用型艺术形态，它与社会经济的发展存在着密不可分的关系。设计不可能脱离经济，而经济也不可能离开设计。社会经济的发展造就了设计的繁荣，反过来设计又促进了社会经济的发展进步。设计必须融入社会经济中才能发展自己，也才能更好地为社会经济发展服务。

设计是社会意识的一种表现形式，而经济是社会存在的表现形式之一。设计与经济的关系本质上就是物质和意识的辩证关系。用马克思主义哲学中物质与意识的辩证关系来阐述经济与设计的关系。众所周知，物质决定意识，意识对物质具有能动作用，正确的意识对事物的发展有促进作用；错误的意识对事物的发展有阻碍作用。显而易见，设计与经济是辩证统一地存在着，经济决定设计，而设计对经济具有能动作用。

（一）经济决定设计

社会经济是基础。社会经济状况的好坏可以直接影响设计的发展趋势及在经济基础下所形成的设计理念的转变等。经济就好比设计的足，没有足的鸟是可悲的。社会经济的不断发展，使人们对生活质量提出了更高的要求。这就要求设计必须跟上社会经济发展的步伐，紧随时代发展，符合时代主题。社会经济形态处于不断的演变发展中。设计理念的转变也要随着经济形态的演变而不断发展，以更好地改善人类的生活方式和促进艺术文化的发展。随着体验经济的到来，设计将不只是产品功能上的满足，超越产品功能给消费者带来的感官、情感和体验上的满足将变得越来越重要。

（三）设计反作用于经济

设计的发展对社会经济具有推动作用。科学技术是第一生产力。设计作为艺术与技术相结合的产物，同样也是一种生产力，一样促进了社会经济的发展。当今时代，如果设计空有艺术性和美好的外观，而不能为人类生存和发展服务，不能推动经济和时代的发展，是没有市场的，也不可能被大众接受。设计要为经济服务，推动经济发展。设计的价值必须投放到社会经济活动中才能得以实现。我们对超市都有一个共同的经验，即本来进超市只准备买几件物品，结果却是推着满满的一车物品走出来，远远超

出了购物单上所列出的物品。超市里琳琅满目的商品从包装设计到货柜陈列设计再到营销方式，都是为了扩大消费需求而设计的。进入超市的人们往往有种身不由己的感觉，不断地"发现"自己的需要，不知不觉中消费了预算以外的商品。设计能够唤醒隐性的消费欲望使之成为显性，推动经济发展。

三、体验需求：体验经济的原动力

需求是经济发展的原动力，也是设计发展和变革的真正源头。体验经济出现和发展的真正动力正是人们的体验需求。人的需求可分为物质需求和精神需求，前者是人的外部需求，后者则是人的内在心理需求。体验需求是一种高层次的精神心理需求，处于马斯洛需求层次模型的上端。当今时代，科技的进步和经济的发展，使人们的物质生活需求得到了极大的满足。由于教育水平的提高和休闲时间的增多，人们的价值观和消费观发生了很大的变化，因此精神情感需求成为人们生活中不可缺少的一部分，也成为经济新的增长点。

人是有情感的，同时是充满幻想的。人们渴望将梦幻与现实联系起来，渴望享受生活，渴望在生活中彰显自我、进行自我表达和实现自我价值。体验需求正是人们这一内在精神需要的具体体现。例如，吃饭、穿衣不仅是为了满足温饱，更多的是为了享受文化和追求时尚，追求一种生活体验和情感满足。这种体验需求是高度感性化和个性化的。人们往往根据自己个人的独特感受和体验来选择和购买他们"喜欢"的商品和服务，带有明显的主观色彩，而不仅仅是根据产品的功能和价格进行客观和理性的消费。人们更希望在拥有产品和服务的同时，拥有一种独特的生活方式，拥有愉快而令人难忘的生活经历，以满足内心多方面的需求。因此，体验经济时代的到来，意味着社会已经进入了更高层次的"文化和精神消费的阶段"，人们渴望"诗意地栖居"。

体验经济就是以创造积极、美好的"消费体验"为核心的经济形式。促进人的全面、和谐发展并提升生活质量的体验是最具经济价值的消费品，是"一种独特的经济提供物"。在体验经济高度发展的时代，不仅体验本身成了生产和消费的对象，传统的商品和服务也将被体验化，包括生产、销售和消费在内的一切经济行为，都将被体验化，如体验营销在今天已经不是一个新名词了。消费者所购买和消费的不再只是有形的商品，而是无形的体验，是在与商品、服务乃至品牌的互动过程中的独特感受，一种在生理、心理、情感上所产生的美好感觉。

四、设计从满足需求开始

设计的对象是产品，但是设计的目的不是产品，而是满足人的需求及自身的需求。

每个人都有自己的需求,既有来自生理方面的需求,如饮食、休息等,又有来自心理方面的需求,如对艺术和美的憧憬、对文学的喜爱及对社会尊重的渴求等。人只要活着,就会有需求,因为需求的本质是生命生存的欲求。对于需求,因解析的角度不同而有不同的认识。心理学家将需求理解为个性的一种状态,它表现出个性对具体生存环境下的依赖性,需求是个性能动性的源泉。同时,设计也在不断地完善发展自身的需求,以便更好地服务于人类和社会。

(一)人的需求性

设计是以人的需求为导向的,它把满足人自下而上的基本需求放在首位。实用功能即使用价值,是生产之所以作为有用物而存在的根本属性,没有功效价值的产品就是废品,有用性是第一位的。列宁对此曾有一段精辟的分析。他说:"如果现在我需要把玻璃杯作为饮具来使用,那么,我完全没有必要知道它的形状是否完全是圆筒形,它是不是真正用玻璃制成的,对于我来说,主要是底上不要有洞,在使用这个玻璃杯时,不要伤了嘴唇等。"可见,设计的使用价值就在于作为有用物来满足人的需求。在体验经济时代,人已经走出基本物质需求阶段,走向高层次的自我价值实现阶段,人们所追求的是产品带给自身的心理感受,唤起美好回忆。

(三)设计的需求性

体验经济时代,设计的发展趋势也在不断完善,更好地服务于消费者,迈入产品带给他们感官、情感、心理的"体验"阶段。这一时期,设计不仅是追求功能,因为在当今的科技和生产条件下,在产品的设计和生产中保障其功能的实现已经没有什么困难,也不仅仅是传统的审美问题,人的需求已经从最基本的生理需求向上发展到所谓尊重、自我实现等高层次需求,相应地影响着设计发展。新时代的设计将从人的需求着手,满足人们对兴奋、刺激的渴望。产品设计既要有趣又要迷人,让消费者一见到产品或一用到产品就能激发情感,感受快乐,引发诗意感受。产品所体现出来的体验价值将会长期留在脑海中,引发消费者愉快的回忆。

五、以体验为先导的设计新思维

体验经济时代的设计是以人的体验需求为导向的。设计首先应考虑的是人们的体验需求,以消费者的经历(对产品和服务的选择、购买、拥有和使用的过程)为核心,塑造感官体验及情感认同,为产品和服务开拓新的发展空间。因此,在这种情况下,设计就不仅需要考虑产品的功能和形式,更需要在其中注入体验的成分,以体验为先导,以为消费者创造美好而难忘的生活经历为己任。在此,产品和服务自身并不是设计的终极目的,而是作为产生体验的"道具"和展示体验的"舞台"出现的。是否满足创造良好体验的要求,是衡量产品和服务优劣的标准。以体验为先导,绝不意味着不再关注功能和形式,而是要更为关心它们能为消费者带来怎样的生活体验,在强调满足消费者理性需求的同时,更重视满足他们日益增长的精神和情感需求。

(一) 超越功能和形式

在体验经济条件下,无形的体验是比有形的产品更有价值的东西。设计所追求的不只是功能,也不仅是亮丽的外观,而是要为用户带来某种超越功能和形式的积极美好、和谐的生活感受和体验。在工业经济时代,物质技术条件尚不够发达,满足功能和制造的要求是设计首先要考虑的问题。"形式追随功能,功能决定形式"是现代工业设计响亮的口号,其追求的是工业经济时代产品的大规模、标准化的生产和消费,因而设计出的产品"理性""冷漠",缺乏"感性"的温暖。这是由当时的社会经济技术条件所决定的。当人类社会发展到信息社会时,社会、技术和经济得到了空前的发展,人们的物质需求得到了极大的满足。在此条件下,人们开始追求更高的精神和情感需求。设计也不再只是对功能的开发和实现,或者是仅对产品的外观进行美化和装饰,而是以产品为"道具",以服务为"舞台",注重人们在购买和使用产品的整个过程中的综合感受和情感体验,借以提升人们的生活质量、丰富人们的生存经验。因此,体验经济条件下的设计已经超越功能和形式,以体验为先导,目的是创造一种能够扩充人的生存经历并引发人们的情感共鸣和深层思考的生活方式。在体验经济条件下,体验成了设计师与用户进行交流的主要方式。

(二) 新思维、新设计、新特点

在体验思维的指导下,更生动、有趣的产品,更完善、美好的感受,更高层次的精神享受和情感认同,所有这些将是设计所要追求的核心目标。以体验为先导的设计思维,决定了体验经济时代的设计具有如下几个特点:

1. 情感性

体验需求的本质是人们精神和情感的需求。为满足消费者的体验需求,必须在功能和形式上满足消费者的感官体验,使设计出的产品和服务让人感到舒适、轻松、有趣,创造积极的感官体验。然而,体验如果仅停留在感官的层次而无法上升到精神和情感层面的话,则无法真正打动消费者,无法使人产生难以忘怀的印象。体验对于消费者不仅意味着一种感官刺激,更意味着一种生活方式、一种人生态度、一种精神信仰……要想获得消费者在心理上的认同,就必须使体验超越感官的层次而上升到情感的层面。为此,必须从消费者的生活情境出发,围绕体验设计的主题去设计"生情点""动情点",

必须使具体的设计超越功能和形式，重视其作为文化、情感符号的象征意义并加以强调，通过使用者的感知、使用和理解，产生深层的情感体验，体现设计对消费者更多的人文关怀。例如，有的设计师"巧妙地将服装设计与电影结合起来，利用电影的氛围、影星的独特气质为顾客带来独特的情感体验"，这样的服装更多的是作为一种情感符号而存在，代表着一种独特的情感或一段难忘的记忆。

2. 策略性、主题性

体验本身是不能被设计的，但可以被引导和调节，因此对于体验设计，相对于具体的设计和实施而言，策划在其中起着举足轻重的作用。从这个意义来说，体验设计带有很强的策略性。对于消费者而言，体验是对所经历的一系列事物及环境的综合感受的结果。从设计角度来看，体验则应该是整体性的、过程性的，需要对产生体验的整个过程和情境进行合理的规划和安排，从而引导预期体验的产生，并使之长久。"意在笔先"，体验的策划与设计常常是围绕一定的主题来进行的，"那是与一定的生活方式和情感心理需求相联系的主题"，并设计出相应的故事或"剧情"，使产品（"道具"）及服务（"舞台"）融入该主题和"剧情"，成为它们有机的组成部分，并对这一主题加以强化和传递，从而为消费者带来美好而难忘的体验。

3. 开放性、参与性

体验设计的最终目标不是产品，而是用户的体验。体验设计是支持用户参与的设计。要产生最强烈的体验，就必须使消费者沉浸于设计者所创造的情境之中，让他们去感知、去体悟，方能领会。要实现这一目标，体验设计就必须具有开放性，为消费者的参与创造条件，使他们便于参与其中、乐于参与其中，进行自我表达和自我实现。为了使消费者能参与其中，整个体验设计就必须是一个开放、互动的系统。因此，在进行体验设计策划时，消费者是必须要考虑的一个重要元素，是整个设计的有机组成部分。在体验设计的整个过程中，往往都有消费者的直接参与，以保证最终结果是令他们满意的。因此可以说，一个完整的设计是由设计师和用户共同完成的。例如，电子游戏创造是一种完全意义上的体验和娱乐享受，它的生产和消费都充分地体现了开放性的特点。在整个游戏的生产过程中，玩家不仅参与游戏的测试，在创意阶段也会广泛地听取他们的意见。更为关键的是，玩家在虚拟的游戏世界里扮演各种角色，纵横驰骋，他们就是游戏世界的主人，没有他们参与的游戏最多是个"半成品"，是用户、玩家使整个游戏具有了完整的生命。

4. 个性化

体验是高度个性化、主观化的。体验经济时代是真正个性化经济的时代。对同样的事物和经历，不同的人会产生不同的体验，这与人们的文化背景、价值观等有着密切的关系。因此，体验设计要满足人们个性化的需求，为他们创造独特的、"非我莫属的""不可复制的"个性化生活体验。体验是不可以进行大规模标准化的设计和生产的。在设计之初,企业就要综合考虑到消费者的个体生活方式和社会情感经历,以及产品和服务的消费环境,从而为向消费者提供个性化的体验创造条件,以最大限度地满足他们的个性化需求。

体验经济是以用户为中心的用户驱动型经济;相应地,体验经济时代的设计也呈现出以"用户"为中心的人本主义特征。体验经济时代的设计需要满足消费者对更高层次的心理和情感体验的需求。因此,为了超越仅对功能和形式的关注、创建美好的用户体验,就必须改变以往以"物"为中心的设计思路,而以"用户"为中心,研究用户的心理和精神需求,研究他们的生活态度和潜在期望,研究他们的认知心理和情感特征,充分理解和挖掘人们的体验需求,并以设计为媒介,将这些需求和期望变为现实,准确传递给消费者。以体验为先导的设计思维,从一个侧面反映了设计的中心从关注物转移到关注人,关注人的真正需求和期望,关注人的心理和情感,进而在产品、服务和消费者之间建立起情感的纽带。

第三节 内容体验型产品的设计创新思路

内容设计创新是体验型产品增值的关键。设计师经过深思熟虑提取产品内容的元素重新组合和阐释,再创造出新的内容,为产品增加附加值。这个附加值主要是为消费者增加未拥有过的体验所带来的价值。内容的设计创新可以从以下几个方面入手,来挖掘产品的创新点:

一、内容设计创新的前提

(一)符合主流价值观

体验型产品的内容首先不可与主流价值观相背离,这是一个新生体验型产品能否顺利出现在市场上的大条件。尤其是具有意识形态属性的文化产品,设计创新时应注重经济价值和社会价值双重效益。

(二)符合消费者的知识结构和认知水平

在消费者的知识结构中,对内容的熟悉程度、在接受方面的难度高低与对内容理解的速度和深刻程度都正相关。对内容理解快的消费者的体验效果是会心一笑,而理解慢的消费者则有可能感到莫名其妙;理解深刻的消费者可能很有共鸣,并在思维中有一个自我体会的过程，体验也随着反复琢磨获得时间上更长的价值体现，而对内容理解肤浅的消费者则有可能对内容没有深刻感触而体会不到其中的快乐。因此，从这个角度来说，曲高和寡的体验内容未必是好的，消费者欣然认可的产品才具有市场价值。消费者的认知水平和知识结构一般与其接受的教育水平和人生经历有关。针对目标群体的设计，前期调查有助于设计者把内容控制在一定水平上，避免过于专业和过于生疏的内容引起消费者的不佳体验。有一部分文化产品作为艺术文化的载体担负着传播文化的功能。高知消费群体对求知型的体验型产品有一定的品位要求，他们希望通过体验培养艺术兴趣甚至提升艺术品位。对于这一类的体验型产品，商家要将品位与易于接受的内容相结合，而本土化、生动、具体的阐述都是达到这一目的的手段。

（三）符合社会文化氛围、道德观念

体验型产品的内容与时代背景是一致的，与时代主题和社会发展阶段是内在一致的。在一定的文化氛围中，人们的体验可以作为文化内容实现社会价值的方式。体验型产品为人的自我认可和提升、人际交流、文化的传播等方面的实现提供存在的土壤。作为设计者，对所处的时代和正在发生的一些现象不应简单地跟风，而要从理解其动因的角度去发掘设计创新点，站在历史高度寻找创新源泉。体验型产品的内容要给予人美的感受，体现真、善、美。反观利用猎奇心理哗众取宠，把病态的、丑的东西灌输给消费者，这种体验是对消费者精神的污染，对于整体的社会利益是有损害的，并且这种损害是缓慢而至深的。设计者应该抱有尊重自己专业、尊重消费者的态度，将传播者的使命感作为设计的前提。

二、内容设计创新的路径

（一）通过借鉴、拿来的全新内容

人们共同的审美心理和追求真、善、美的一致愿望，为体验型产品内容设计创新多元包容提供可能的心理基础。不同民族、不同时代、不同的文化元素都可以作为创新素材，而那些有异域风情和年代感的元素对消费者产生了巨大的吸引力。"太阳下无新鲜事"，但是一地域内司空见惯的事物对另一地域的人来说是好玩的体验对象，故说民族的才是世界的。设计者创新内容时应不拘一格，以兼收并蓄的姿态吸收适合体验型产品的内容。只有多元化的设计者不限制自己的眼界和思维，消费者才能从内容设计中看到另一个新鲜的世界。

（二）对旧元素的翻新重构

设计者的创新都是对过去元素的解构和重组。设计者可以通过挖掘旧元素中适应当下消费者要求的新意，把旧元素和旧素材与以往表现侧重点的不同部分演绎为新的内容。旧时的内容因环境变化，人们也会对其内涵产生新的解读。例如，泰坦尼克号是20世纪初东印度公司打造的一艘游轮，然而这艘豪华巨轮初次起航便遭遇了沉没的命运。当时关于"泰坦尼克号"沉没的原因有许多种解释，其中不乏看似神秘、传奇甚至玄幻色彩的说法。也许是因为太过悲壮震撼，人们一直在感情上对这艘轮船有别样的情愫。以"泰坦尼克号"为题材的电影有多部，起初作为一部灾难片，电影重点演绎的是这艘号称"永不沉没"的轮船在大西洋撞上冰山后求救未果沉没的灾难过程。卡梅隆导演的《泰坦尼克号》则将一个超越阶级的爱情故事架构在这场人类航海历史上的灾难中，灾难的悲壮和爱情的婉约美丽交织在一起，感动了全球的观众。在该片上映15年后，又以3D的形式再次上映，让渴望感受荡气回肠爱情的观众以新的方式重新体验了这部电影。又如，过去的民俗文化在旅游体验化的趋势下，以整合重组的形式出现在民俗风情园和地方特色街区中。

（三）时代新需求下的符号创造

物以类聚，人以群分。在体验型产品中，消费者体验的是产品内容带来的情感认同。某一类消费者群体是因价值观取向上的相近、审美品位上相似，不约而同纠集为一体的族群。体验型产品的内容则能够把群体对自我价值和身份认知等精神层面以物质的形态表现出来，也就是通过对体验型产品的内容的解读，可以使消费者和社会其他群体明确得知消费者属于哪个群体，他们是哪个圈子的成员。韦恩·D.霍依所著的《消费者行为学》一书中说，阶层不能解释消费，但消费往往可以解释阶层。也就是说，不同价值观的群体对代表某种价值的符号的消费。不同的标签代表不同的符号，比如，小资的符号是在咖啡店捧一本村上春树的小说；科技宅的符号是家里有全套的苹果产品；受过良好教育的人的符号是去歌剧院听一场普契尼的《蝴蝶夫人》；文艺青年的符号则是去云南大理体验一次说走就走的旅行，在小剧场里消费一场独立实验剧等。

在社会发展的不同阶段，人们对情感的需求体现出不同的特点。在经济发达的时代，绚丽多彩的生活内容被视为主流。然而，市场经济的快速发展却逐渐导致人们不适应人与人之间关系的变化。物欲泛滥、灯红酒绿带来的眩晕和恐慌，使人们对田园牧歌等复古回归大自然的怀旧情愫拥有一种新的心理需求。与此需求相对，小清新环境的农家休闲旅游等返璞归真、亲近大自然的体验内容，成为释放压力、回归本真的方式。同样，在时尚方面，流行口味很大程度上说明符号带来的体验充分解释了族群自我认同。上流社会的品位通常是时尚风向标的原因，就是中层对上层生活的向往会体现在对他们穿衣打扮的模仿上。因此，商家在设计创新体验型产品时，首先要定位目标群体并研究其阶层成因和口味趋势，找到阶层出现的历史，理解其心理需求的原因，从而顺应这些原因，创造出最能够击中这些心理需求并宣扬其族群价值观的新符号，为心理诉求提供得到情感归属的符号。

三、基于内容开发设计创新的策略

（一）合理分配新旧内容的比例

在内容设计创新时，要平衡内容中消费者熟悉的部分和带有挑战性的新奇部分的比例。人们体验的动机是多样的，如自我提升、逃遁、审美需求、休闲、怀旧、技能获得等都是体验的心理需求。在这些心理需求中，研究者发现人们对新奇事物有着很大的渴望。产品内容中一定的陌生成分可以产生吸引效果，勾起消费者内心探新求异的动机，充分激发好奇心在未知领域中的蠢蠢欲动，适当地疏离日常生活所接触的内容带来的是新鲜体验。但是，并非越多的新鲜感和刺激就越能使消费者体验得完美。过量的刺激内容充斥感官容易造成对刺激的麻木和疲惫感。当消费者的五官接收信息量太大、太多，心理上无法快速理解时会产生无助感，这种无助感会让消费者对产品内容手足无措。消费者面对新鲜感十足的产品内容时，好比接受一道未见过的题目。教育心理学发现，难度适中的题目最能激发学生的挑战欲和学习动力；太简单的题目不能给予学生成就感；而太难的题目则打击、挫败学生的积极性。中国文化中的留白带给人的美感，就是体验内容适量减少而增加欣赏者的主观能动性，发挥其想象力和发散思维，对内容进行改善形成的婉约朦胧美的体验。发挥消费者自己的思维能力、增加产品内容主动参与性而引发的趣味，比填充感官更具有内在体验的深刻性。

（二）强化消费者的情绪

在体验型产品中，消费者渴望获得的一般是积极的情绪和感受，如新奇冒险和轻松快乐，但是一些消极的情绪如惊悚，也因消费者在体验之后得到压力的排解和释放而被应用在内容设计中。因此，此处所说的正面情绪是符合产品表现内容的情绪。人的情绪有激动、高兴、憧憬、感激、亲切、喜爱、温暖、满意、幸福、惊奇、悲伤、后悔、尴尬、失望、失落、紧张、生气、苦恼、害怕等多种，所以设计者要针对其想刺激消费者产生的那种情绪，把设计意图渗透产品内容的每一个细节。在内容创新设计中强化消费者的正面情绪，就是通过一些正面的手段把消费者得到的某种情绪不断加强。

人们常揶揄电视剧结局总是回归大团圆却又对大团圆的结局非常执着。这是因为人们心中都对美满有所期盼和向往。编剧和导演是为照顾观众情绪而让经历百般波折的主人公回归圆满。同样的道理在游乐园中也能体现，惊险刺激的游乐项目有言辞幽默的解说员指导项目的玩乐注意事项。在这些项目中，解说员本身是产品的组成部分，他们的存在是设计者为消费者着想，在产品内容设计中体现人本思想的地方，说明以幽默诙谐的方式送到每一位宾客的耳朵里，使消费者得到被关心照顾的体验。

（三）突破心理定式

体验型产品的内容不能循规蹈矩，因为"意外"可以带来出其不意的效果。心理定式是人们根据以往的经验形成的一种心理上的反应趋势。这种趋势会让人们在相似或相同的情境下做出相同的反应和行为。体验型产品内容如果和以往出现过的产品雷同或相似，会让消费者对同类刺激产生免疫力，对重复刺激兴趣丧失。因此，设计者在设计内容时，要制造一些意外来吸引消费者的眼球，使人摆脱日常的乏味，产生愉悦体验。意外是在打破体验惯性和常规认知基础上的，打破常规意味着制造新的冲突。新的冲突主要来自对规律性认知的相反阐述，使人产生与预期相反的感受，使人产生错觉。

（四）增加角色代入感

在内容消费者体验时，人称与体验结果有着直接的关系，因为第一人称使消费者有更强的直接参与感。体验是在消费者的感情和意向下产生的。直接参与在体验型产品内容的生成中是人们得以体验新鲜经历的途径。人们对自己经历过的事情总是记忆深刻。直接邀请消费者参与内容是打动他们的一个产品设计策略。体验型产品内容增加消费者的角色代入感，就意味着同一种产品具有符合不同消费个性体验的可能，尤其是当消费者的角色为第一人称时，面前的产品内容具备可选择的特点，消费者在产品消费结束时心理上完成了自我满足。选择角色代入是消费者和内容双向作用的，分为消费者以自己的身份和产品内容赋予消费者的角色两种情况。前者是消费者以现实生活中真实的身份和心理状态去体验内容，这种消费对身份、品位、风格等符号消费满足带来体验；后者是产品内容赋予消费者一个虚拟身份。如前文所述，体验经济时代的服务者和商家是演员，在这种情况下，消费者本身亦是演员，演出他在现实中难以获得的经历，从而得到心理满足。无论哪种代入方式，消费者都会在产品内容中获得自我的感受，在对自己身份定位、形象概念、经历等诉求的指引下，消费体验型产品的核心价值。例如，网络游戏中的玩家角色设定就是典型的增加代入感的设计，玩家在游戏中可以扮作战斗英雄、飞行员、探险家、刺客、大侠、模特，甚至打手和罪犯。游戏将游戏者在现实生活中不大会成真的向往变成网络世界中的现实。然而，并不一定第一人称就是达到体验的最佳手段。在一些体验型产品中，第二人称或者第三人称更能增强互动性和局外者"清"的良好体验。比如，实验剧场的创新小剧目中，运用第二人称让演员与观众有近距离的肢体接触，就可以消除第四面墙的空间隔窗，使观众得到不同于传统演出的感受，但是无论如何是不可以让观众上台自己表演的。

第四节　技术体验型产品的设计创新思路

技术是体验型产品设计创新的物质支持。工业市场往往是促进技术发展的动因。人们不断拓展求新的需求是不断探索新技术的动力。在信息经济知识时代下，体验型产品的设计创新呈现出新颖、多元和科学的特点。将技术运用在产品设计中，一方面需要设计者对技术的发展高度有最贴合时代潮流的认识；另一方面是拥有将技术运用于产品的正确思维。设计者在设计体验型产品时，技术是帮助其设计思维变现的工具。基于技术的设计创新，需要设计者清楚技术在体验型产品中的角色，洞悉由技术带来的产品设计使消费者的体验产生哪些变化。在对这两个问题有所认知之后，如何让技术为体验型产品设计创新的问题就有了答案。

一、技术作用于体验的机制

设计者在设计体验型产品时，要同时以设计者和使用者两个角色为出发点。对于设计者来说，技术是工具；对消费者来说，包含技术的产品是消费对象。所以，技术对体验的作用主要从内容载体和消费者体验两个方面来说。

（一）对内容的载体有改进作用

我们已经强调了内容对体验型产品的重要性，体验内容设计使产品刺激消费者的心理体验变得深刻。而体验型产品的内容需要载体呈现，而载体是内容作用于体验的手段，是设计者对内容的表达途径。手段的运用对消费者的体验可以有优化作用，甚至革新消费习惯和使用方法。书的载体变迁就可以证明这一点。中国古代的文字记录载体从竹简、锦帛到纸张和活字印刷术的发明，无不使技术对内容表达的程度越加充分，直到今天电子阅读的出现，读书人手捧的载体更加轻便，而承载的信息程度却是传统载体无可比拟的海量。但技术并不仅同于表达手段，它还是产品的创新基础，也可以是原材料和工具，用于创造更多因技术的发达而带来的人的感官和心理上新的体验的体验型产品。

（二）对消费者的体验方式有改进作用

人体有其天然局限性，人的身体如同一台精密的仪器，各个器官为适应自然调适自身的功能进化出一系列适应生存环境的能力。然而，自古人类就拥有强烈的探索未知领域的好奇心，向往像鸟儿和鱼儿一样向天空和深海拓展自己的活动领域。技术使这些梦想成为现实，人的肢体不再被自己的进化结果限制。通过借助技术工具，人体有了"鹰击长空，鱼翔浅底"的自由。技术也通过认识和利用人的感官功能创造了跨越时空、超越真实性的产品。拓展人体的体验的结果是对人的活动领域和活动范围的扩张，是设计者对人最深层消费需求的表达和接受。在对感官有所影响的基础上，技术对人的认知有所影响。新技术可以使内容在新的语境下得到诠释，技术带来新图像、新词语，内容可以被充分表达，也可以得到新的重构。在意义发生变化的情况下，消费者对旧有事物会产生新视角的认识，对事物变化的表征从感观层面上升到意识层面，这就形成了新鲜深刻的体验。

在体验型产品中，技术的作用主要体现在对消费者体验的改进上。一方面，技术的运用可以让人的感官突破自身局限性。人的眼睛因为工具（如体验型产品的物质载体）的辅助可以看到裸眼看不到的东西：不论是遥远太空中的行星，还是并非真实存在的幻影。

二、技术促使产品发生的变化

体验型产品基于技术的设计创新，是在对技术发展变化的趋势有清楚认识的基础上，对技术在应用层面的开发。创新的策略则是综合分析技术带来的影响进而对技术运用思路的权衡取舍，利用技术设计出紧贴时代潮流和消费者口味的体验型产品。从体验型产品的角度来说，技术对其设计的影响有以下几个方面：

（1）消费者的选择多样化，技术的发展让个性化定制成为现实。大数据的应用让市场趋势和需求直观地呈现在设计者面前。商家提供的商品比过去更契合每位消费者的个人口味，更讨消费者的欢心。

（2）资源共享的门槛越来越低，信息资源越来越可以被全民共享。互联网时代是一个信息爆炸的时代，海量泛滥的真真假假和有价值的知识充斥媒体，但消费者的注意力有限，与商家之间就形成了双向选择和沟通的关系。网络技术的更新、个人终端产品的层出不穷，使信息内容的获取很方便。这就为终端的开发提供了内容支持，也促使内容的翻新速度比以往任何时代都快。

（3）内容载体趋向便携、简约，内容的获取渠道越来越广泛。网校公开课更新了人们接受教育的方式，传统课堂的时间和地点都随着消费者所需变成灵活可调整的，同时产品的成本也随着技术的发展逐渐降低。比如，亚马逊开发的电子书阅读 Kindle 系列产品是以亚马逊巨大的电子书藏量为支撑的，针对消费者消费阅读器时的直接需求，阅读器平台电子书的提供是吸引消费者购买的重要因素，工具和内容一并成为读者的阅读体验构成。

（4）虚拟和真实之间的博弈。体验型产品重在营造体验。体验是消费者第一手的感受。在许多情境下，体验对象能够通过技术的应用达到与还原真实场景的效果。例如，军队飞行员的训练机器就是通过利用人眼生理特性，由工程师设计出符合训练需求的科目，制造出模拟真实的重力环境，让飞行员产生驾驶真实飞机的感受，达到训练目的。技术让真实和虚拟的关系变得越加分离。虚拟和真实哪个产生的体验效果更好？设计者针对这个问题，要在不同类型的体验型产品设计中对真实和虚拟做出选择，取舍各自的比例。虚拟有可能在某些方面取代真实，如日本的虚拟流行音乐偶像初音未来的影响力丝毫不亚于一位真实存在的歌手。

（5）人本思想与亲近自然的思想成为主流。在这个主流下，体验型产品在能源、动力方面的应用，以及体验型产品内容上的回归大自然和以人为本的特征将会更明显。人本设计的趋势还体现在产品与人体的关系越来越亲密。

（6）产品的智能化使产品的实用功能和娱乐功能的界限模糊。例如，医疗应用软件和翻译软件具备实用功能，但界面设计和以娱乐功能为主的软件极为相近。智能化趋势下，产品的实用功能将更富有情绪体验的色彩，产品越加好玩，人们在消费实用价值时也会加大对精神价值的消费成分。

第五节　营销体验型产品的设计创新思路

一、区分体验营销和体验型产品的营销

（一）体验营销

在营销领域，营销是商家与消费者建立长久的双向沟通关系，通过策略的选择和具体行为，商家综合调动各种方式使自己的产品服务传播到消费者的眼睛和耳朵中。建立联系的渠道有多种，而体验营销就是商家引导消费者做出市场行为的一种手段，让消费者在亲身体验过产品带来的价值后产生满足、信服的感觉，乃至购买。体验营销把消费者的理性决策过程和感性倾向选择融合在一起综合考虑，把每一位目标客户都当作独特的富有情感色彩的个体。体验营销是随消费层次提升应运而生的，是消费

精神化趋势下商家的必然选择。伯德·施密特在他所写的《体验式营销》一书中指出,体验式营销站在消费者的感官、情感、思考、行动、关联五个方面,重新定义、设计营销的思考方式。

体验充分尊重了个体差异。在消费者直接面对产品和销售人员一对一的体验营销中,消费者对产品的认可是第一手的体验,来自其内部认同,而营销人员调动人的作用从感情入手,与消费者交流沟通,满足完成消费者对产品的期许。

营销对消费者的影响贯穿于对体验型产品消费前和消费中的活动,而纳入产品设计范畴就要解决消费活动进行前产品在设计中融合了哪些因素,以便获取消费者注意力及消费者获得产品核心价值的渠道和方式。营销学之父菲利普·科特勒说:"体验营销正是通过让客户体验产品、确认价值、促成信赖后自动贴近该产品,成为忠诚的客户。"体验营销中的主体是消费者,与以往被动接受商家的推销有别,体验营销中的营销者不再灌输产品信息,而是以引导者的身份带动消费者主动探索新产品,积极感受价值带来的满足感。工业标准化的整齐划一的产品因为消费者个体需求被挖掘而充满了娱乐色彩,销售者与消费者的关系也变得富有温情。从形式上说,体验营销较以往的营销方式更加直观、生动、轻松、愉悦;消费者与产品的关系在消费行为实际发生之前就已经建立起来;营销过程是消费者尝试的过程,营销者提供的多样化的手段强调了消费者的参与和互动在体验营销中的意义所在。

(二)体验型产品的营销

体验营销是营销活动中具体的思路和手段,而体验型产品的营销是一个整体性和系统性的行为,是围绕使体验型产品赢得消费者的青睐,超越竞争对手的同质产品和组织争取市场份额为目标进行的销售活动。体验型产品是营销活动的客体。体验型产品不属于满足消费者刚性需求的产品。体验型产品的营销是挖掘并帮助消费者对体验型产品模糊的需求有更清晰的认识和欲望,通过提供产品来满足这一欲望,并且有符合体验型产品特性的产品供给方式和收费模式。

二、基于消费者心理机制的营销策略选择

(一)营销作用于消费者体验的机制

体验型产品要在市场中作为商品实现其价值,在内容设计环节的重点是从产品满足消费者在消费时的心理需求和感官心理体验为主要方面引导的,内容承载的是创意和文化,技术是手段和平台的实现条件,而营销环节就是商家建立产品服务和顾客联系的重要环节。在营销环节中,体验型产品从设计师的工作室走向工厂,从工厂再走

向市场，走入消费者的视野。营销环节也应该被纳入设计范畴的原因在于，产品最终要在商家做出目标精确的市场行为和经营行为之后，才能被消费者认识、了解、接受、购买。

在设计之初，不能不考虑商家市场营销的体验型产品对顾客的选择和消费体验的影响。消费者对产品的体验，从真正面对体验型产品之前就开始了。商家给体验型产品的一个形象、品牌含义和产品包装这些同产品提供的核心价值一起，由商家制造成一个整体的体验型产品再由商店销售。这是一个完整的体验型产品，在这方面，环节上与普通的商品并无差别，体验型产品究其本质是在市场中流通的产品。体验型产品的营销与普通产品所不同的地方在于，围绕体验这一价值如何体现和使消费者产生体验的思路与具体做法上的特殊性。以营销为主导的商家应该把消费者在从认识到购买这一过程中的体验视为产品设计的方向，解决消费者消费体验的生成这一问题。营销行为是一个双向的沟通过程。商家不只要注重消费者的接受，更要关注回馈。直接反馈是获得消费者体验的有效方法，除此之外，还有多种获得体验反馈的途径。例如，要分析清楚体验型产品营销的特殊性，要对消费者在营销过程中的体验产生的机制进行分析，进而针对不同营销目的对机制中的影响因素进行组合，总结出应用于产品设计创新中的策略。

商家建立消费者与产品联系的过程，就是营销阶段消费者对体验型产品的信息接受刺激的机制。在整个过程中，商家在每一个环节整合运用不同的营销手段以达到其流程中的营销目的。但是，针对每一环节的目的不同，手段的侧重点也会相应转变。

从消费者开始接受产品信息到购买，消费者的认知会在不同消费活动的环节发生变化：明确消费意愿（在市场环境被某个体验型产品吸引与否）—消费经历（购买的途径和方式，消费过程中的服务体验等组成的购买体验）—重复消费的可能（上次消费记忆存留，还有在营销手段下再次被激发消费的意愿）。

（二）营销策略的选择

基于消费者以上心理机制，营销人员要着手从以下方面针对不同环节中消费者的心理采用不同的营销策略：

1. 进行外部信息输入

使消费者对产品有印象，并且了解产品的核心价值，强调产品的特性迎合消费者心理上的宣传，是这一环节营销的重点。在这一环节，商家需要运用广告等传播手段使产品进入消费者的视野，还要找到准确体现其价值和特色的广告内容及广告平台，运用如以网络为主要阵地的互联网营销，着重运用新兴客户终端的微信营销，以及综合软广、硬广各种平台的地毯式营销等手段。体验型产品在这一环节与其他产品无异，只是广告宣传与造势的重要性体现于消费者对体验型产品的印象和产品在市场中营造的氛围，引导消费者对产品从不知道到听过再到看见他人消费过。在市场大范围内，大家都知道这个氛围会感染目标客户，目标受众没有绝对界限。但是，最终吸引消费者的是体验型产品体现出的价值是否满足消费者的心理需求。体验型产品区别于其他竞争对手的特色在于鲜明的文化内容最能吸引消费者。在这个环节中，商家应该广而告之产品的价值，凸显特点和营造出情绪上的印象，区别于竞争对手的产品信息并脱颖而出。这一阶段的营销是围绕勾起消费者一起体验型产品真面目的消费欲望展开的，放在体验型产品上就是使产品给消费者带来体验的吸引力。

2. 引导内部决策

用体验、试用、促销、捆绑销售等产品营销，差异定价策略等一系列具体营销手段作用于消费者，使其感性上接受、理性上有选择倾向。在本书定义范围中的体验型产品提供的体验，往往是以创意内容为核心为消费者创造情境和感官体验的产生。如何给予消费者这一段经历，在设计之初就应该考虑到，而消费者取得产品的方式和途径都属于营销范畴的问题。消费者购买某些体验时，无法像购买家用电器一样让服务人员送到自己的家中安装使用，而需要消费者到产品所设置的环境中进行身心感受，在购买一些对个人思维的经历造成刺激的体验型产品时，就可以借助不同的载体和终端不被限制空间和时间地进行消费。在设计时，体验型产品的消费方式就已成形。设计者要在情境中设身处地地从消费者的消费经历考虑。体验型产品的体验都是在情境中产生，易于获得和便于消费，对消费者的选择和体验都有很大影响。从购买的过程行为来说，是否易于获得是消费者评价产品是否物有所值的一个衡量因素。价格是另一个影响消费者购买决策和感受的重要因素。体验型产品的特殊性使其价值不能用文字对其实用性进行描述。在科技发达的条件下，体验型产品的载体成本是走低的。如何从一个人的感受来定价？可以用累加的方法，从体验型产品成本和消费效果两方面来制定价格，包括载体成本、消费时长、消费次数、产品技术含量，以及开发周期、内容创意和故事的影响力、产品含义的多少等。在制定体验型产品的价格时，顾客体验需求是价格的主要依据，物质成本是次要的标准，如果顾客体验的感觉没有得到满足，那么物质成本再高也仍没有价值，不值得消费者花费金钱和时间去消费。营销可以引导消费者在消费活动结束后，对其付出的价钱有值不值的判断。合理的价格就是让消费者对看不见、摸不着却使某种情绪驻留在心间的消费结果相匹配。营销者的具体行动如服务手段能够补充产品消费体验，消费者对产品价值的接受和享受服务的层次引起感性共鸣上有内在一致性。营销可以从这些方面入手，为消费者的认同感营造消费经历。如果说消费体验型产品是消费一段经历，那么从营销角度看，得到体验型产品的过程也是一段消费的经历，方便买到、物有所值是对产品进行综合评价的因素。

3. 正面强化巩固体验，提高忠诚度

消费活动结束不代表营销工作的结束。为使产品有忠诚的顾客，营销者在消费者购买后还应运用手段巩固体验。用发展的眼光来看，这也可以为产品的升级换代收集一手资料。在消费者购买后，营销者还要尽可能地延长消费者对消费体验正面的记忆，即强化对情境的回忆，用服务和其他非主要产品增强消费者对企业的感情联结。随着体验价值的边际效益递减，企业营销引入新产品和为适应不断接受市场口味变化的现状，营销者需要敏锐地发现市场欢迎的新趋势，甚至引领流行的营销方式。体验求新求异要求营销者占领市场的时机必须先声夺人，要对竞争者的创新和解决消费者需求的新方法了如指掌。营销手段在区域内获得的成功会以燎原之势风靡于其他同类产品的营销活动中。例如，一些购物商场利用中心空地举办车友会、新车发布会、新书发布会和服装时尚秀，在收取场地费实现经济效益的同时，还可以提升商场自身形象。有些肯花费成本的商场将这个环形空地改造成舞台，定时为消费者上演杂技、舞蹈等节目。消费者在这样的购物环境中又多了一重观众的身份。这种手法能否吸引消费者重复来消费，与其演出的主题和内容有很大关系，但针对零售业、服务行业而言，在利用体验型产品改造消费环境、改善消费者的消费体验方面，有不断挖掘新意的营销空间。

4. 增加消费情境的感情色彩

由于体验具有主观性，体验型产品的营销较传统产品的营销更具凸显针对消费者个人感性和理性综合的特点，从感性上注重拉近消费者与产品的关系。实现体验型产品价值是商家和消费者共同完成的。在某些体验型产品实现价值的过程中，消费者的直接参与和商家的生产甚至界限模糊。与设计者对体验型产品的内容和载体要投入一种情境的思路不同，在将营销的视角带入设计时，不仅要从客体角度思考消费者使用时的情境，还要从主体角度——营销人员，来设计他们推销时的情境，以便响应营销的手段。营销者如何说服诱导消费者体验设计者花在体验型产品上的设计细节，则是可以佐证销售人员推销言辞的例证。

三、以营销为引导的体验型产品设计

（一）基于产品组合的设计

围绕体验型产品的服务，还有一些衍生产品和周边产品。这部分产品通常是辅助主要体验型产品尽可能地拓宽商家的产品路径、获得市场份额而开发的。消费者的体验不是单一孤立出现的。在消费机制中，消费者的决策受营销手段影响，而在其自己形成选择和决策时，会通过广告及口碑体现出的体验型产品的核心价值和品牌内涵，

寻求与自身身份、生活状态、气质、个性的契合感。这种体验渗透在生活中的方方面面，使消费者浸泡在体验的生活环境中是辅助产品的作用。消费者在回味咀嚼中得到精神上的愉悦，并将这种自我认识折射在离开消费环境时的日常生活中。因此，体验型产品的组合可以从这个角度出发，为消费者提供渗透衣、食、住、行的产品。

根据消费者对产品购买的行为类型，辅助型的体验型产品可以从产品的性质上搭载不同体验程度的产品。根据参与程度和积极性的不同，消费者体验购买行为可以分为萌芽型、发烧型、跟进型、培育型。

对于萌芽型消费者，设计者注重激发其兴趣，将其情感与体验纳入一种群体氛围中，让他们感受到体验型产品创造的愉悦的吸引力，他们此时置身于体验型产品细节之外的消费观望态度，所以情绪感染很重要。针对他们的辅助产品要有引导作用，如让消费者参与对核心体验型产品话题的制造，让消费者享受便利的服务。对于发烧型消费者，设计者可以重点推出直接参与体验性更强的产品，可深入玩味的细节和消费者对产品专业的赏玩能力带来的体验是这类消费者所需要的，对核心的体验型产品创新的诠释，使消费者不只重复自身体验，更可以使体验新鲜感升华，甚至可以邀请消费者参与产品的设计。跟进型消费者是潮流的追随者，他们需要的产品是象征性很强的，如产品上大大的 logo（标志）。对于培育型消费者，设计者要用折扣、搭售、赠送等手段促销核心产品。要抓住这部分消费者商家的注意力，对产品带来的体验有充分的表达刺激。这类消费者的感官是产品的侧重点。

（二）基于生命周期的设计

产品的生命周期，一般有开发期、导入期、增长期、成熟期、衰退期。体验型产品从设计到进入市场，要经过这五个阶段。体验型产品在设计时应广泛搜集信息，了解消费者的诉求、竞争对手的产品特征及营销者对市场信息的总结反馈。产品的设计在开发导入期都要在市场中投石问路，以准确定位产品的体验价值。同时，从长期来看，产品的树立并巩固品牌是使体验型产品增长期和成熟期两个阶段不断更新成长以延长品牌生命周期的根本策略。

以游乐园为例，游乐园是一个大体验型产品，游乐园中的各个项目是组成大产品的小体验型产品。游乐园作为一个整合体，生命周期相较其中的小产品来说很长。游乐园主题基调是与企业发展相适应的，在较长的发展时间段内是固定的，主打项目和突出特色的部分不轻易变更。而构成子集部分的各个项目都是不断成长的产品。根据时节的变化和流行文化的影响，产品的装修、装饰会随之发生变化，个别项目还会增加或更换。

消费者的新鲜感、记忆力、流行文化、心理诉求（前面讲述过心理诉求形成的原因）是影响每个体验型产品生命周期的因素。顾客对产品品牌的忠诚度，能够让消费者在长时间内对产品保持一个消费行为上的选择偏向，对不断更选出现的子产品则体现出喜新厌旧的消费选择。当消费者已经逐渐熟悉一种产品带来的刺激，体验的满足感呈现边际效益递减的规律时，商家要及时推出新产品来填补市场的空档期，并在竞争对手发现口味变化之前占领消费者对产品的注意力。与传统产品巩固质量和创新产品功能带来的使用价值不同，体验型产品要求商家不断创新刺激保持消费者的新鲜感。

（三）基于品牌构建的设计

品牌是消费者在接触体验型产品前后，对自己消费的理解的一个抽象层面。商家对品牌的构建是对顾客和产品的关系的定位，根据商家广告推销多种宣传手段传达出的这种定位。消费者在做消费决策时会根据自己的熟悉感、归属感、身份满足感和好奇心等决定是否消费，且品牌给消费者的刺激是贯穿在产品识别、产品选择、产品使用的整个过程的。品牌是超越实用功能的价值的产品描述。同质产品之间的差异在品牌方面体现得很明显。同样使用价值的产品因品牌不同，体现的顾客价值不同，价格不同，实现的经济效益也不同。消费者品牌体验的维度是多层次的。《品牌体验的维度构建与量表开发研究》以智能手机的品牌体验为例，把消费者的体验细分为不同维度下的五种品牌体验。消费者体验型产品的品牌体验形成体验的机制与其他产品一样，除了和所有产品一样，在品牌定位、品牌形象、品牌个性等对品牌结构方面的构建，还针对体验型产品的特殊性，在消费者对体验型产品的品牌感知方面有以下两方面的侧重：

第一，在产品设计细节上，消费者的印象、对体验型产品所代表的情绪的感知应该与产品的核心价值一致。例如迪士尼的口号是"大人与孩子一起学习知识"，游乐园的基调就是亲子、快乐、成长，游乐园的整体氛围是祥和而温暖的，每一个项目都非常梦幻、轻松，并且游乐园所有细节的设计都让人体会到设计者的良苦用心，城堡大门、剧场布置、庄园都用精致的真材实料布置装修，地灯、草坪上放置的小动物模型都让消费者在不断发现惊喜的心情中游览。与此不同的欢乐谷乐园定位是年轻、时尚，其风格就更加开放、刺激。

第二，品牌将消费者带入某种情境中。产品在设计时要考虑体验的期望产品将会把消费者带入什么样的情境中。虽说体验型产品类型的不同使产品提供的体验侧重点不同，但是每一种体验在设计阶段，设计者都要对产品有标签式的描述。追求科技含量的体验型产品的消费者在使用产品时，注重的是体验型产品承载的科技水平带来的拟真突破人体局限及便捷的体验。

（四）基于收费模式的设计

收费模式是消费者体验不可忽视的重要影响因素。人类支付方式从过去的以物换物、以贝类交换，发展到货币交易。随着技术支持的不断进步，交易方式更新换代，直到今天的电子支付、手机钱包等搭载高科技的支付方式日趋成为主流，甚至支付方式本身就是商机，是商品本身。以电子商务中的支付为例，商家和消费者的交易通过具有信誉度的第三方平台，解决了交易双方不在同一时间、同一地点的问题，解除了面对面交易的必要性，且无形消费使消费比过去显得更容易发生。许多支付优惠也鼓励了消费者在交易中体会便利又实惠的双重满足。在这种支付思维下，体验型产品的收费模式是多样且灵活多变的。商家收取费用的对象是消费者享受体验型产品过程中消费的价格，体现了商家提供的时间和空间，产品设计创意，产品用到的技术，生产消耗的物质、人力等生产成本，运输安装成本，服务成本等一切纳入商家投入的成本。消费者对体验型产品价格的衡量，不是根据这些成本计算，而是他们得到的顾客价值是多少。在《体验型产品的价值评价体系研究》一文中，对体验型产品顾客价值构成的观点是，顾客消费体验型产品主要获得功用价值（获得知识、服务、技术、经验及产品优越性）和情感情绪价值（对社会价值的感受、对内心价值认同的追求、对美的感受、情绪的产生等）。在顾客对代表顾客价值的价格进行评价权衡时，服务、技术、品牌、自身与商家的关系，以及产品本身都成为价格构成因素。可见，特殊性使体验型产品的价格不单纯依成本而定，顾客价值反而比成本更为可靠。

由于体验的无形性和主观性，除了情感、认知、情绪等无形价值因素，体验型产品可以根据以下有形因素制定价格：消费者的体验时长；体验的刺激程度；消费活动的物质产出；获得体验的先后次序等。

不同类型的体验型产品在产品设计时就已经纳入收费模式。商家根据不同类型的体验型产品选择支付方式和支付时间上的不同设置，是营销的一种创新策略。体验型产品的收费可以在消费活动之前、消费活动之中和消费活动结束三个时间段内发生。

例如，游乐园的收费属于消费活动发生前的收费模式。游乐园一般有现场买票、预先订票、旅行社或网络第三方代购等多种渠道。收费模式则有三种，第一种是一张进门门票就可以玩遍整个游乐园的通票，在规定的时间内，消费者可以根据自己的兴趣选择体验的项目和体验次数；第二种收费模式是进门免票，但单独收取每一个体验项目的费用；第三种是结合前两种的混合收费模式，门票包括一些项目的费用，另外一些项目则需要消费者根据自己的意愿额外消费。从消费者的体验来说，通票式收费保证了体验的连贯性，而单独收费和混合收费则可以分化消费者对游乐园整体趣味的评价。三种收费模式各有利弊，需要游乐园经营者根据游乐园的整体特点和经济效益取舍选择。网络游戏设置的收费模式则是消费过程中的收费模式。网络游戏试玩阶段给玩家一个消费与否的自主选择。玩家选择成为该款游戏的玩家后为获得胜利，会在玩的过程中花钱买装备和其他的身份，而这些收费就是在消费过程中抓住了玩家想尽快取胜获得控制权等心理设置的体验过程中的消费。这些对虚拟物品的购买是消费者追求体验顺畅和最大愉悦的目的而进行的。还有一种收费模式是消费活动结束后的收费，如手工体验店，体验店向顾客提供自己创造物品的时间、空间和原材料，收取的是消费者获得自主创意并动手的整个经历，可以说是对一个事件的发生进行收费。但是，事件结束后消费活动随之结束，物质产品承载着消费者对这一经历的回忆和对自己力量的满意。因此，这种产品比大工厂生产的产品更具有个人意义，其价值的主要来源并非物品本身，这类体验型产品价格往往比其本身价值高很多。

第九章 文创产品设计的未来发展与趋势

第一节 国际文化创意产业发展方向

一、文化创意产业发展演化趋势

现在发展态势是未来发展趋势的依据。未来发展趋势是现在发展态势的延续，是以发展动力演化为基础的。在经济与文化一体化和全球化发展背景下，世界各国纷纷将文化创意产业提升到国家发展战略的高度，依据本地产业基础与特色，进行制度创新与战略推动，加大科技创新对产业的支撑，做大、做强本国产业，并积极推进其国际化发展。可以预见，全球文化创意产业将在运营上进一步集约化，在空间形态上进一步集聚化，在地区发展上进一步差异化，在产业影响上进一步全面化，在发展语境上进一步全球化。

（一）组织运营集约化

集约化的"集"，就是指将所拥有的经济资源集中起来，给予统筹协调配置；集约化的"约"，是指经济要素在投入、组合、加工与使用时以提高效率与效益为价值标准，达到最优的利用目的。当今世界文化创意产业的发展正逐步展现出集约化趋势，一方面体现在全球化范围内整合文化资源、产业重组与兼并，另一方面体现在产业内部科技创新、新组织模式与新商业模式的采用。在经济与文化全球化的背景下，世界各国都进行体制与政策创新，在提高产业集中度的同时培育大型跨国企业集团，利用资源整合、产品出口、资本的扩展、品牌的推广及管理模式的输出等国际化发展模式，消除打入国外市场过程中所遇到的国家保护主义等各种障碍。大型跨国文化企业全球扩展，不断打破行业、地区与国界之间的分工界限，进行产业价值链条上分工与协作上的国际化调整，目前已经形成一大批超级文化集团。

（二）空间形态集聚化

集群是指产业中相互关联的、在地理位置上相对集中的若干企业和机构的集合。这种集群发展模式不仅带来规模效应、竞合效应、创新扩散效应，还会形成地域性品牌，这给集群中的企业带来经济外部性优势。由于文化创意产业有创新发展的内在确定性内涵，同时又拥有多维度、多层次的富于包容力、开放性和可扩展性的综合概念。这就内在地决定了其产业发展具有空间形态集聚化。首先，它涉及的范围非常广，门类繁杂，彼此互补协作、专业分工的产业形成生态链，产业发展的融合性让产业从简单集聚发展为产业集群，产生规模效应和品牌效应。其次，文化创意产业不仅是个人和单个企业的行为，而且需要文化企业、非营利机构、个体艺术家集聚和互动，形成独特的集群发展环境。最后，文化创意产业发展的创新内涵，发展空间形态集聚化可以共享知识溢出的外部性，彼此合作竞争促进创新因素放大，增强产业发展内涵动力。

根据发达国家和地区的经验，集群化发展趋势非常明显，各个主要城市都形成了自己的文化创意产业集聚区。世界主要城市文化创意产业集聚区主要有三大块，即北美创意产业圈、西欧创意产业圈与东亚创意产业圈。以北美创意产业圈的纽约为例，纽约是美国第一大城市，也是世界第二大城市，是美国与世界的政治、经济与文化中心，是联合国总部所在地，还是世界500强公司数量最多的城市。高度发达的政治、经济、社会基础为文化产业发展带来天然的便利。同时，纽约还是移民城市，一度移民数量占到全市的一半以上。移民带来多元文化融合与碰撞、高社会容忍度和多元化的生活方式，这是产业最适宜的生态环境。纽约还有个别名——"大苹果"，即大家都想咬一口之意，因此它吸引了大量全球创意人才前来工作。据初步统计，纽约创意人才30多万人，相关创意组织50万个，在全美遥遥领先，创意产业集聚效应明显。纽约拥有大量文化设施，如自由女神像、洛克菲勒中心、利斯岛移民博物馆、自然历史博物馆、中央公园、百老汇、纽约大都会博物馆、纽约现代艺术博物馆、纽约时报广场、艺术馆大道、卡内基音乐厅和纽约历史社会博物馆等，这为文化创意人才和游客提供了无数创作灵感和人文体验。比尔·盖茨说："创意具有裂变效应，一盎司创意能够带来无以数计的商业利益、商业奇迹。"这在纽约这座城市更是得到充分的体现。目前，纽约创意产业产值已经超过金融业，是名副其实的支柱性产业，极大地促进了纽约文化、经济繁荣发展。

（三）地区发展差异化

差异化战略是美国管理大师迈克尔·波特提出的三大基本竞争战略之一，是指为使产品、服务、企业形象等与竞争对手有明显的区别，创造被全行业和顾客都视为独特的产品和服务，以获得竞争优势而采取的战略。文化创意产业作为一个区域性概念，在各地有着不同的内容和范畴,但是这个概念本质内涵是确定的,即是一种政策框架,用来反映、反思、总结和回应过去的文化、经济发展状况,明确指出产业未来核心价值依托,明确产业竞争优势基点和强化产业发展的"战略环节"定位。这样的产业本质内涵,就决定了产业发展的地区差异化。

实践发展上,从对发达国家和地区创意产业的分析可以看出,世界上各个国家或地区根据本地经济发展水平与文化资源结构,沿着制度机制演变路径,结合本地产业基础与本地消费需求特征,发展出具有较强的地域特色、地方魅力与城市风采的差异化的文化创意产业,形成鲜明的"根植"地方的品牌效应,打造生命力强劲的产业布局。比如伦敦的歌剧、巴黎的时装、意大利的家具等,地方差异明显、声誉效应显著、竞争优势强劲的,都被深深打上了地域符号。这些慢慢随着文化创意产业演化发展而积累起来的地域符号,是当地文化创意产业获得以产业为特征的垄断租金的来源之一,也是基于波特差异化基本竞争战略中获得的竞争优势。

(四) 发展语境全球化

全球化"就是流动的现代性,包括物质产品、人口、标志、符号和信息的跨时空的流动,使人类社会成为一个即时互动的社会"。在市场经济和科技进步的双轮驱动下,使要素获取、产品与服务营销和消费、信息互动交流都在世界范围内进行,不同经济主体卷入全球产业分工体系之中,它们相互渗透、相互依存的程度不断加强,世界成为一个统一的发展整体。文化创意产业是全球化和文化经济一体化的集中反映,既是经济全球化的体现和组成部分,又是文化全球化的载体和手段,综合地反映着经济全球化和文化全球化的互动关系。反过来,这种经济全球化和文化全球化的互动关系又扩大了文化创意产业的经营规模,拓展了它的发展空间,不断地实现国际化发展态势。在全球化语境下,文化创意产业获得跨越式发展。

文化创意产业作为一种创新型综合性产业,在产业集聚化发展基础上更加集约化与差异化。文化创意产业集约化正是借助大型跨国文化企业进行全球扩展,不断打破行业、地区与国界之间的分工界限,形成跨国界的强势文化产业集团。大获成功的影片《泰坦尼克号》实际上是由7个国家的30多家公司协作完成的,其中的特技制作包给了由16家多国中小技术公司协助的Digital Domain公司,其音乐制作包给了索尼公司。多方优势资源的综合,使该片获得了极大的商业成功。

文化创意产业差异化也是基于全球范围内比较而言的。在全球化的语境下,各国、各地区积极进行制度改革和机制创新,不失时机地制定文化发展战略,竞相采用当代高新科技和文化成果,力求在更高层次的文化侵占实力竞争中取得先手,并千方百计保护本国民族文化产业和利益。世界各国的文化创意产业以其各自独特的产业价值取向、行业领域和发展方式迅速发展,呈现特色鲜明的产业格局。

文化作为一种相对于经济硬实力的软实力，被提高到未来世界的竞争核心地位。文化创意产业成为综合国力的支撑点，其发展不可避免地被置于全球化的语境之下。

二、对我国文化创意产业发展的经验启示

怎样加快文化创意产业发展步伐，赶上发达国家发展潮流与节奏，成为我国发展文化创意产业急需解决的问题。特别是在经济与文化的全球化发展环境下，各国纷纷将文化置于发展政策的中心，在国家战略层面推动文化创意产业，利用最新科技革命成果支撑文化创意产业跨越式发展，取得在全球文化贸易领域里的优势地位，以期在撷取经济利益的同时，扩展文化输出的范围，实现经济发展方式转变。这对于我国来说，不仅是产业繁荣与经济发展的范畴，还是维护本国文化安全的现实需要。因此，对国际经济发展典型国家的文化创意产业进行分析、梳理、研究与思考，得出有益的经验总结与启示思考，就成为我国大力发展文化创意产业的必要前提。

作为一个新兴产业，文化创意产业是什么样的一种产业？在理论研究上的性质与特点是什么？在实践发展上表现的形态与态势又是怎样的？从产业比较来说，文化创意产业在国家经济中的地位与作用是怎么样的？与其他产业有何不同？从产业发展来说，如何发展文化创意产业？发达国家政府与市场在文化创意产业发展中是如何搭配作用的？文化创意产业发展的关键要素是什么？文化创意产业的发展模式有哪几种？文化创意产业与经济发展方式转变有什么样的互动关系？这些都是在考察了全球经济发展与文化创意产业发展之后需要回答的问题，也是对国内文化创意产业发展的经验启示。

其实，归纳起来就是关于文化创意产业"是什么""为什么"和"怎么样"这三个基本问题。这三个问题是有着内在逻辑联系的，它们不可分割、紧密结合。只有理解了文化创意产业"是什么"，才能奠定国内文化创意产业的发展前提，才可以展开对其发展的理论研究与发展实践，制定产业支撑政策与保护制度才有了依据。知道了"为什么"发展文化创意产业，国内文化创意产业的发展才可以顺应世界经济形态变迁，才可以融入全球产业发展趋势之中。只有搞清楚"怎么样"发展文化创意产业，才可能将文化创意产业国际普遍性的抽象理论与国内特殊的具体实践结合起来，紧紧把握住文化创意产业创新发展的实践内涵，在我国这样一个地区差异大、经济社会发展不平衡、文化资源分布不均衡的大国，做出具有可行性的文化创意产业顶层设计。

（一）为什么发展文化创意产业

文化创意产业是在全球经济发展实践中蓬勃兴起的，由于文化创意产业演化发展中表现出的强劲发展势头，以及其特殊、优良和多维的经济特性，逐步在国民经济发

展过程中呈现出系统、互动和重构的多层面的复杂关系。越来越多的国家、研究机构和经济学家都将目光投向文化创意产业。为什么发展文化创意产业？回顾世界各国文化创意产业发展史，尽管它们的发展动机、模式和重点都不尽相同，但是综观文化创意产业兴起与发展的时代背景，就可发现，它是在经济"文化"和文化"经济化"双向推动的经济与文化一体化逻辑下演化出现的，是近几十年来发达国家经济社会发展转型的产物。从这个意义来看，文化创意产业既和精神生产与文化经济相联系，又和国家经济转型政策创新相关。针对其发展语境分析，每一种新的术语的出现都有其自身所参照的经济形态、社会背景和现实语境，如文化经济、知识经济、网络经济、创新经济及体验经济等；针对其发展现状分析，文化创意产业的发展，不仅以其各自独特的产业价值取向、领域和方式迅速发展，呈现出巨大的发展潜力，有的已经成为国民经济的重要支柱产业，超出了它原始的内涵和行业的范畴，演化成了重构经济结构、转变经济增长方式和经济发展形态的特殊力量形态，已成为国家核心竞争力的博弈体系中的构造性元素，深刻影响着世界各国文化力量、文化战略、文化政策的抉择和演化，使文化及其产业全球化成为一个国家、一个民族的重大战略问题；针对其发展趋势分析，在经济与文化的全球化互动发展趋势下，各国各民族积极进行制度变革和创新，不失时机地制定文化发展战略，竞相采用当代高新科技和文化成果，力求在更高层次的文化侵占实力竞争中取得先手，并千方百计保护本国民族文化产业和利益。文化创意产业集约化、集聚化、差异化、全球化的发展趋势越加明显。可见，文化创意产业这些发展的历史必然、发展语境、作用与功能及发展趋势，为我国为什么发展文化创意产业提供了理论回答和实践对比。

（二）怎么样发展文化创意产业

在全球文化创意产业实践发展中，以其各自独特的产业价值取向、领域和方式迅速发展，呈现出多样化、多维度、多层次的发展特点。从典型国家文化创意产业实践发展来看，既有英、美等老牌资本主义国家，又有日、韩等东亚新兴后起国家。但是，文化创意产业在这些代表性国家中又呈现出不同的发展理念、模式、重点，以及管理方式和发展政策。这给我国这样一个地区差异大、经济社会发展不平衡、文化资源分布不均衡的大国，得出具有可行性的文化创意产业顶层设计带来困境。

怎么样发展文化创意产业？对于这个问题，不仅要对全球文化创意产业的发展进行整体分析，探析兴起动力、厘清发展历程、剖析产业格局和讨论总体特点，还要从各个发展文化创意产业典型国家个体上对它们的成功发展进行分析，得出它们的成功发展不无指向政府的高度重视，依据自身经济社会特点确定的发展思路，基于国家整体发展而出台的引导政策，根据细分行业特点的针对性发展机制设计，综合应用市场、技术、行政、法律、商业等多种手段的调控措施，将研究重点聚集在各国产业发展不同态势背后的深层次因素分析上,基于国际比较分析的视角对全球文化创意产业的发展背景、发展理念、发展模式、发展重点、发展管理与发展政策进行比较分析。这些研究,为我国结合本国实际、转变发展理念、选择发展模式、探寻发展路径、制订发展政策计划与构建制度保障等方面,奠定扎实的理论指导,提供丰富的实践模仿案例。

第二节 在体验经济下的设计发展方向

随着社会的发展,人们所追求和期待的物质生活用品将不再是机械的、毫无生气的、冷冰冰的产品,人们将对自身本性进行不断审视和完善,设计将向着具有人性化的感性设计迈进,通过感官、情感、心理等方面来激发愉悦人的精神,强调人的内在体验和参与,追求更具人性化和情感化的设计。这将是体验经济语境下设计的发展趋势,符合时代赋予设计的主题。

一、从有形设计向无形设计转变

设计本是指一种周密的设想、计划,是为了满足人们的需要而设的固定的、有形的、美好的产品。在工业化时代,设计是在设计某一产品时有明确的目标,有严密的计划、步骤,在产品生产出来之前就知道它的形态特征,因此设计的是预先知道和可能存在的有形的东西。

在体验经济社会,设计高度关注物与人之间可能产生的各种关联,尽力捕捉和把握物的情感激发的可能性和可行性,追求一种"无法确定的抒情价值"和"能引起诗意反应"的无形设计,让人参与其中、体验其中,成为人情感寄托之所。

设计的重心已经从有形物的创造中转移出来,向无形虚体要素转变。这里所谓的虚体要素,就是人文关怀、生理体验、心理感受。人们更多地是把产品看成一种文化和认识的过程,从而赋予其新的意义。从有形设计向无形设计转变,将成为21世纪设计发展的总趋势。在一场主题为"感觉高于物质—有限物质时代下的非物质设计"的国际工业设计学术会议上,学术界知名学者明确提出:未来的设计将会从物质设计向非物质设计转变,将会从有形设计向无形设计转变。

二、从物质设计向非物质设计转变

20世纪90年代,随着电脑的普及、网络的建立与扩张,一个所谓的"信息社会"悄然而至。信息是非物质的,而信息社会实际上就是所谓的"非物质社会"。信息社会是一个基于提供服务和非物质化产品的社会。对于设计而言，非物质设计就是社会后工业化或者说是信息化的结果。

物质设计是社会工业化的结果。工业化建立起来的社会是一个基于物质产品生产与制造的社会，而物的数和量都是社会进步的标志。在工业社会中，设计是为了满足人类的物质欲望和消费活动，产品的物质层面表达了人们生活方式和生活内容的基本方面，而产品的艺术性和精神性只是附着在产品的物质层面上。

非物质不是物质，但它是基于物质层面的，只不过是脱离了物质层面的精神性产品。非物质设计是相对于物质设计而言的。到了非物质设计，设计的重心已经不再是有形的物质产品，而是越来越多地转移到一种抽象的关系，极力将诗意、情感之类的非物质因素物化在物质的产品当中，构成一种人与产品的交流、对话关系。设计师通过产品与使用者进行交流，而使用者可以从产品身上体会到设计师的情感，在使用产品的过程中体会到和产品之间的情感。产品不再只是冷冰冰的、千篇一律的机器制造物，而是拥有了自己的生命和性格。产品的使用层面不仅涉及功能的可靠、好用，重要的是使用方式的体验化、娱乐化、情感化。比如，手机从翻盖到滑盖再到旋转盖，其功能类似，但使用方式的变化实际上是设计者创造了新的使用情境，增加了用户使用时的乐趣。

从物质设计至非物质设计，反映了设计价值和社会存在的一种变迁，即从功能主义的满足需求到商业主义的刺激需求，进而到非物质主义的人性化需求。

三、"形式"非物质化和"功能"超级化转变

在传统的工业设计中，功能与形式是相辅相成、相互制约的。形式服从功能，还是功能服从形式，一直是设计理论界争论的话题。以往，对任何产品而言，功能只有在物质形式中才能得以实现，但在后工业时代，产品的表面形式已经和它的功能相分离。也就是说，外在的形式已经不只是为了表现功能，产品本身也在成为一种"超功能"，而这种功能的超级化包含心理和情感因素。设计从理性功能的满足，进一步上升到对人情感功能的关怀，如在日本的京都市，大的十字路口设有专门为盲人设计的交通指示，用不同的声音来表示红绿灯。设计作为一种桥梁，将传达更多的情感。

形式本身也变成了一种看不见、摸不着的非物质的东西，没有形状、色彩、线条、质地等标志物将它标示出来，最终的产品再也不像传统产品那样，是一个摆在我们面前可以任我们去解释的东西，而是成为一种"形式"的非物质化和"功能"的超级化。例如E-mail邮箱，其物质的形态已经消失，我们只是看到一种信息传递功能，看不到为信息传递功能服务的形式，形式自身变成了非物质的东西。正如马克·第亚尼所说："以电脑为中心的生活开辟了一条新的地平线，人类社会正处在由高度发达物质社会

向非物质社会过渡，形式的非物质化、功能的超级化逐渐使设计脱离物质层面，向纯精神东西的非物质层面靠近。"

在后工业社会，社会生产、经济、文化的各个层面都发生了重大变化。这种变化反映了从一个基于制造和生产的物质产品社会向一个基于服务的经济性社会（以非物质产品为主）的转变。这种转变不但扩大了设计的范围，使设计的功能和社会的作用大大地增强，而且促使设计本质的变化，即从一个讲究良好形式和功能转向形式的非物质化和功能的超级化，为消费者带来某种超越形式和功能的、积极的、美好的生活感受和体验。这将是 21 世纪设计发展的总趋势。

四、从理性设计向感性设计转变

在工业经济时代，人们的物质需求不够完善，物质技术条件不够发达，其更多追求的是产品的大规模、标准化的生产和消费，因而设计出来的产品是"理性""冷漠"的，缺乏"感性"的温暖。这是由当时的社会、经济、技术条件所决定的，产品只是冷冰冰的机器制造物，没有生命和性格。

当人类社会发展到体验经济时代，社会、技术和经济得到了空前的发展，人们的物质需求得到了极大满足，吃饭、穿衣不再是为了满足温饱及穿暖，更多的是为了享受文化和追求时尚，追求一种生活体验和情感满足，满足消费者内心的高层次需求。使用者对产品设计已从理性需求转向了感性诉求。人们需要的是能刺激感官的产品，追求刺激及尝试新鲜体验。

设计的目的在于交流，从理性层面上升到精神和情感层面，即感性层面，更容易打动消费者，引发美好的心理感受。在信息无处不在的今天，要想激发消费者的兴趣，就必须打动其内心情感，从理性设计上升到感性设计，使消费者获得心理上的认同，产生深层情感体验，体现设计的人文关怀。因此，人们更多渴望得到设计师设计出追求自我、表现个性，并可以参与其中、乐于其中的感性产品。

五、从产品设计向服务设计转变

现代社会中，在物质的"量"已经完全满足了人们的需求时，寻找一种新的满足人们的设计方式显得尤为重要。工业社会的物质文明向后工业社会的非物质文明转变，在一定程度上将导致设计从产品设计向服务设计转变。

服务作为一种设计，是以后工业时代、体验经济背景下人的需要为基础的，把设计中为人的因素更加凸显出来。设计以人为本、为中心，全心全意为人服务。设计从人的根本利益出发，服务于人类。脱离了热爱人、尊重人的目标，设计便会偏离正确的发展方向。

　　服务是过程、方式、手段,亦是目的。服务的主要层面是从精神上调节人的生活,让处于快节奏的现代生活中的人们,最终能够切实地享受生活,享受设计带来的快乐。设计以人为本,走向服务,把设计推到了时代的语境,更好地促进设计的全面、和谐发展。

参考文献

[1] 陈凌云. 博物馆文化创意产品开发研究 [M]. 上海：上海社会科学院出版社，2019：06.

[2] 李典. 博物馆文化创意产品开发设计与发展思路研究 [M]. 长春：吉林人民出版社，2020.07.

[3] 熊青珍，敖景辉. 文化创意产品设计 [M]. 长沙：湖南师范大学出版社，2021.09.

[4] 孟宪喆. 新媒体背景下文化创意产品的设计与传播 [M]. 北京：北京工业大学出版社，2021.04.

[5] 张春彬. 体验经济背景下文化创意产品设计的研究与实践 [M]. 沈阳：辽宁大学出版社，2019.03.

[6] 孙楠. 文化软实力视阈下的创意产品 [M]. 长春：东北师范大学出版社，2018.02.

[7] 高晋. 多元文化语境下产品设计的创意表达 [M]. 北京：北京工业大学出版社，2018.12.

[8] 白远. 文化创意产业发展比较研究理论与产品的国际贸易 [M]. 北京：中国金融出版社，2009.12.

[9] 吴锡平，任广军. 文化创意产品设计 [M]. 南京：南京出版社，2021.

[10] 潘鲁生主编；张焱编著. 文化创意产品设计开发 [M]. 北京：中国纺织出版社，2022.05.

[11] 周策. 文化创意产品解读 [M]. 北京：新华出版社，2019.06.

[12] 孙丽君，李军红，李海燕. 文化创意产品开发 [M]. 北京师范大学出版社（集团）有限公司，2019.11.

[13] 徐鸣作. 文化创意产品设计方法探析 [M]. 昆明：云南美术出版社，2022.07.

[14] 张颖娉主编. 文化创意产品设计及案例 [M]. 北京：化学工业出版社，2020.04.

[15] 王民. 文化创意产品与市场开发 [M]. 北京：荣宝斋出版社，2020.01.

[16] 曾莉. 文化创意产品视觉设计研究 [M]. 西安：西安出版社，2020.07.

[17] 戴晶晶. 文化创意产品设计方法研究 [M]. 北京：中国轻工业出版社，2020.01.

[18] 李欣遥. 现代文化创意产品设计研究 [M]. 长春：吉林出版集团有限责任公司，2020.04.

[19] 刘晓东，徐琪. 文化创意产品价值共创 [M]. 北京：人民出版社，2018.08.

[20] 吕爱菊. 编织文创产品创新设计开发研究 [J]. 美化生活，2022（25）：61-63.

[21] 皮宇辰. 城市主题文创产品的创新开发与设计研究 [J]. 西部皮革，2022（2）：129-131.

[22] 张瑞珏. 红色文创产品开发设计创新思路研究 [J]. 文艺生活（文海艺苑），2020（4）：146，171.

[23] 黄美. 博物馆文创产品的开发与创新设计研究 [J]. 艺术科技，2017（9）：49.

[24] 苗强. 陶瓷文创产品设计的创新实践研究 [J]. 陶瓷，2022（2）：114-116.

[25] 许志国，白建强. 旅游文创产品开发设计研究 [J]. 旅游与摄影，2021（20）：56-57.

[26] 付金华. 高校文创产品设计创新研究 [J]. 前卫，2022（17）：37-39.

[27] 黄加，严竞雄，陆洋. 非遗文创产品设计与实践创新研究 [J]. 今古文创，2021（45）：67-68.

[28] 刘文良，邵煜涵，张永年. 地域文创"精准"设计与创新开发思路研究 [J]. 家具与室内装饰，2021（3）：21-25.

[29] 杨彬. 博物馆文创产品的设计研究与开发 [J]. 风景名胜，2020（5）：60.

[30] 王丹凤，韩翠霞，周林娜. 非国有博物馆文创产品的开发与创新设计探讨 [J]. 文物鉴定与鉴赏，2019（21）：122-123.

[31] 周明哲. 基于苏州大运河文化传播的文创产品创新设计研究 [J]. 美术教育研究，2022（5）：122-123.

[32] 洪梦晗. 鹅湖书院文创产品开发设计路径研究 [J]. 美与时代（上），2022（2）：14-22.

[33] 李盼盼，沙丽雯. 文创产品的开发设计研究 [J]. 风景名胜，2020（2）：33.

[34] 涂群荟，刘敏，豆瑞峰，冯晨希. 文创产品商业展示空间设计方法及开发研究 [J]. 明日风尚，2021（2）：138-139.

[35] 刘洋，门梦菲，田蜜，解真. 文创产品的创新设计方法研究 [J]. 包装工程，2020（14）：288-294.

[36] 戴燕燕. 新消费理念下乡村文创产品的设计与开发研究 [J]. 山东农业工程学院学报，2021（7）：55-59.

[37] 张宏达. 创新创业背景下校园文创产品设计的实践研究 [J]. 文艺生活，2021（5）：173-174.

[38] 张虹. 高校文创产品开发与设计研究 [J]. 济源职业技术学院学报，2019（2）：62-65.